ARTE E PESQUISA
NA
PÓS-GRADUAÇÃO

Dados Internacionais de Catalogação na Publicação (CIP)
(Câmara Brasileira do Livro, SP, Brasil)

Picollo, Claudio
    Arte e pesquisa na pós-graduação / Claudio Picollo, Sonia Regina Albano de Lima; colaboração Ivani Fazenda. – 1ª ed. – São Paulo: Ícone, 2013. – (Coleção conhecimento e vida / coordenação Diamantino Fernandes Trindade).

    Bibliografia.
    ISBN 978-85-274-1178-3

    1. Arte. 2. Arte – Estudo e ensino. 3. Arte na educação. 4. Cultura. 5. Pesquisa educacional. 6. Pontifícia Universidade Católica de São Paulo. Grupo de Ensino e Pesquisa em Intedisciplinaridade (Projeto Pensar e Fazer Arte). I. Lima, Sonia Regina Albano de. II. Fazenda, Ivani. III. Trindade, Diamantino Fernandes. IV. Título. V. Série.

11-04864   CDD–707

Índices para catálogo sistemático:

1. Arte: Pesquisa educacional   707

Claudio Picollo
Sonia Regina Albano de Lima

ARTE E PESQUISA NA PÓS-GRADUAÇÃO

Colaboração
Ivani Fazenda

Coleção Conhecimento e Vida

Coordenação
Diamantino Fernandes Trindade

1ª edição
São Paulo – 2013

© Copyright 2013
Claudio Picollo
Sonia Regina Albano de Lima
Direitos cedidos à Ícone Editora Ltda.

Coleção Conhecimento e Vida

Coordenação editorial
Diamantino Fernandes Trindade

Revisão
Juliana Biggi

Diagramação
Richard Veiga

Proibida a reprodução total ou parcial desta obra,
de qualquer forma ou meio eletrônico, mecânico,
inclusive por meio de processos xerográficos, sem
permissão expressa do editor (Lei nº 9.610/98).

Todos os direitos reservados à:
ÍCONE EDITORA LTDA.
Rua Anhanguera, 56 – Barra Funda
CEP 01135-000 – São Paulo – SP
Tel./Fax.: (11) 3392-7771
www.iconeeditora.com.br
iconevendas@iconeeditora.com.br

AGRADECIMENTOS

Nossos agradecimentos sinceros à equipe da TV PUC, pela inestimável ajuda nas gravações das entrevistas realizadas no Projeto Pensar e Fazer Arte.

Ao diretor da TV PUC, Sr. Julio Wainer, produtor audiovisual, professor da PUC-SP e sócio-diretor da Academia Internacional de Cinema.

À Profa. Dra. Ana Salles Mariano, superintendente do TUCA.

À Profa. Dra. Santa de Camargo Rosa Mraz, diretora da Faculdade de Filosofia, Comunicação, Letras e Artes da Pontifícia Universidade Católica de São Paulo.

À Profa. Dra. Ivani Fazenda, pela ajuda inestimável ao projeto.

Ao GEPI, que tem colaborado em todos os sentidos para a propagação do Projeto Pensar e Fazer Arte.

ÍNDICE

Sobre os Autores, 9

Apresentação, 11

O Projeto *Pensar e Fazer Arte*, 15

O ensino das artes sob uma perspectiva interdisciplinar, 23

O Vaso Branco – uma leitura artística e interdisciplinar em sala de aula, 47

O projeto interdisciplinar *Pensar e Fazer Arte* do GEPI/ PUC-SP e sua importância na formação do apreciador de arte, 61

O projeto *Pensar e Fazer Arte* do GEPI/PUC-SP e a formação de repertório, 67

A importância do ensino artístico para o desenvolvimento humano na perspectiva de H. Gardner, 79

Depoimentos, 107

Modelos de atividades artísticas interdisciplinares, 145

Referências bibliográficas, 163

Sobre os Autores

CLAUDIO PICOLLO

Doutor em Educação: Currículo, linha Interdisciplinaridade – PUC-SP. Pós-Doutor em Educação pelo GEPI/PUC-SP, sob a orientação da Profa. Dra. Ivani Catarina Arantes Fazenda. Licenciado em Português, Inglês e Latim pela Faculdade de Filosofia, Ciências e Letras São Bento da PUC-SP. Membro do GEPI – Grupo de Estudo e Pesquisa em Interdisciplinaridade, dirigido por Ivani Fazenda. Formado pela Escola de Música de Madalena Lébeis – música de câmara e História da Música pelo crítico de arte José da Veiga Oliveira.

SONIA REGINA ALBANO DE LIMA

Doutora em Comunicação e Semiótica, área de Artes – PUC-SP. Pós-Doutora em Educação pelo GEPI/PUC-SP, sob a orientação da Profa. Dr. Ivani Fazenda. Especialista em interpretação musical e música de câmara com o Prof. Walter Bianchi (FMCG). Bacharel em Direito (USP). Integrante do GEPI/PUC-SP. Professora do curso de pós-graduação em música do IA-UNESP. Possui diversos trabalhos publicados na área de educação musical e *performance*.

APRESENTAÇÃO

Narrar o trabalho artístico desenvolvido no Projeto *Pensar e Fazer Arte* pareceu-nos, de início, uma tarefa um tanto complicada. Que finalidade haveria em resumirmos os colóquios, as palestras e as obras de arte apresentadas? Inúmeras publicações com melhor mérito seriam capazes de realizar esta tarefa. Além do mais, os palestrantes e os temas abordados modificavam-se em cada apresentação em função do público presente. Que mérito haveria em descrever os fatos? A simples narrativa apresentava-se insuficiente para traduzir a beleza e o sentido daquelas exposições. O mesmo dir-se-ia se a presente publicação almejasse transformar-se em um simples relato histórico. Não! Essa não era nossa intenção. Queríamos muito mais. Buscávamos a função pedagógica desses colóquios, procurávamos ainda saber como aquelas exposições artísticas adentravam a alma dos ouvintes, que significado elas teriam para eles? O que os palestrantes sentiam ao se contatarem com o público? Como personalidades do mundo das Artes entrevistadas pela TV PUC-SP sentiram este Projeto? Procurávamos um diálogo interdisciplinar com a plateia, o sentido da troca, a agregação de valores circunscritos ao objeto artístico, o sentido sociocultural atribuído às palestras e a transmigração da obra de arte para uma sociedade em constante mutação. Procurávamos também transformar essa experiência artística em pesquisa, cumprindo a função tripla do ensino superior: ensino, pesquisa e extensão. Foram essas propostas que nos levaram até esta publicação. Significados, funções, sentidos, utilidade, leituras, vivências, trocas de experiência – estes eram nossos objetivos, essa era nossa busca.

Traçadas nossas metas, foi-nos possível iniciar a escrita, a princípio relatando a finalidade deste projeto, seus objetivos, justificativas, sua repercussão, os temas envolvidos com a temática, as comunicações apresentadas em congressos de educação internacional, o texto da Professora Dra. Ivani Fazenda discutindo a difícil prática da Interdisciplinaridade, os depoimentos e os relatos de assistentes e palestrantes. Outro não foi nosso intento senão a troca de vivências, a comunicação que se fez presente nessas exposições, a repercussão que elas tiveram na vida desses interlocutores e assistentes, o que havia de teoria nesta prática docente, o sentido da pesquisa.

Com esse propósito, não se objetivou a transmissão de conhecimentos puramente tecnicistas, especializados, organizados, sistematizados, mas a apreciação de uma obra de arte transmutada para a nossa sociedade. O artista palestrante não se fez técnico, nem os demais palestrantes se fizeram especialistas nas suas falas. Eles simplesmente transmitiram suas vivências pessoais de acordo com sua área de atuação, com a intenção de transformar o público presente em futuros admiradores do objeto artístico e das atividades artísticas ali expostas. A humildade foi outra categoria interdisciplinar bastante valorizada, pois era essencial que o colóquio observasse, antes de tudo, a que plateia dirigir sua exposição.

Posteriormente, demos início aos relatos de participantes e palestrantes mais significativos, coletados nas diversas apresentações. Também foram apresentadas algumas atividades artísticas de cunho interdisciplinar para servirem de modelo aos interessados.

Esperamos com isso termos alcançado nossa meta, repassando para o leitor novos direcionamentos para o ensino da Arte e da Cultura na educação brasileira.

Sonia Regina Albano de Lima
Claudio Picollo

O Projeto
PENSAR E FAZER ARTE

Claudio Picollo

I. EMENTA

O projeto *PENSAR E FAZER ARTE* é um projeto interdisciplinar oriundo do Grupo de Ensino e Pesquisa em Interdisciplinaridade da Pontifícia Universidade Católica de São Paulo (GEPI/PUC-SP), ligado ao programa de pós-graduação em Educação – Currículo. Tem abrangência interinstitucional e interdepartamental, uma vez que propicia o intercâmbio cultural entre docentes, pesquisadores e especialistas de instituições de ensino de São Paulo e departamentos da graduação e pós-graduação da Pontifícia Universidade Católica de São Paulo.

O projeto nasceu por iniciativa do Prof. Dr. Claudio Picollo, seu realizador e organizador. A coordenação é de responsabilidade da Profa. Dra. Ivani Catarina Arantes Fazenda – Presidente e Líder de Pesquisa do GEPI/PUC-SP e o auxílio organizacional está a cargo da Profa. Dra. Sonia Regina Albano de Lima – pesquisadora do GEPI/PUC-SP.

Tem como proposta a exposição e a análise de obras de artes e práticas artístico-pedagógicas, em forma de colóquio, sob uma perspectiva interdisciplinar. Participam desse trabalho palestrantes convidados das mais diversas áreas de conhecimento: literatos, músicos, artistas plásticos, dançarinos, teatrólogos, cineastas, psicólogos, psiquiatras, educadores, antropólogos, historiadores etc., que têm a incumbência de apresentarem aos ouvintes uma leitura particularizada da produção artística em debate.

Essa leitura interdisciplinar permite a transposição da obra de arte para uma realidade sociocultural contemporânea e conecta o ouvinte com as diversas atividades artísticas presentes na atualidade. Dessa forma, a Arte passa a ser pensada não como um simples entretenimento, mas como uma forma de representação do mundo.

As reflexões produzidas pelos palestrantes são expostas para o público presente e permitem a interação e o diálogo contínuo com os expositores.

Os colóquios são dirigidos a um público diverso: alunos secundaristas, universitários, professores de graduação e pós-graduação, integrantes do GEPI/PUC-SP e cidadãos interessados. Diante dessa realidade, este projeto interdisciplinar permite a difusão da Arte, Educação e Cultura para os mais variados níveis de ensino e para a coletividade participante.

II. OBJETIVOS

O projeto tem como objetivo central a formação de um público capaz de compreender obras e contextos artísticos sob uma perspectiva interdisciplinar, entretanto, outras funções incorporam essa atividade pedagógica:

- Promover a interconexão das diversas linguagens;
- Contribuir para a formação de um Repertório significativo, capaz de ampliar o conhecimento artístico do público presente;
- Empreender um ensino extramuros, que transcenda o modelo tradicional de educação implantado pelo sistema político-educacional;
- Pensar a Arte como formas simbólicas que permitem ao homem se relacionar com o mundo;
- Promover uma reflexão sociocultural das obras e contextos artísticos apresentados, visando obter uma constante ressignificação dessa produção na sociedade atual;
- Trazer para as escolas e instituições interligadas um modelo de ensino artístico mais significativo, sem beirar o tecnicismo.

III. RELEVÂNCIA DO PROJETO

Os trabalhos de pesquisa e atividades desenvolvidos nos colóquios trazem para a sociedade um indivíduo com senso crítico e estético mais aprimorado, um ser mais conectado com a produção cultural e com as diversas linguagens artísticas, e a revalidação desta produção artística para a contemporaneidade. Este saber extracurricular traz para a educação a esperança de construção de um conhecimento interligado às várias áreas e a possibilidade de se trabalhar contextos onde a subjetividade e o emocional humano estão presentes. O projeto permite ainda um intercâmbio cultural que vai desde o ensino superior até organismos interessados na produção artística.

IV. A NATUREZA INTERDISCIPLINAR DO PROJETO

Por ser uma extensão do GEPI/PUC-SP, o projeto *Pensar e Fazer Arte* adota uma ação voltada inteiramente para a Interdisciplinaridade. Várias categorias interdisciplinares são priorizadas, entre elas: a parceria, o diálogo, o pensamento em rede, a leitura pluridimensional do objeto artístico, a reflexão da obra de arte sob uma perspectiva sociocultural.

Na elaboração dos colóquios, os palestrantes atuam em *parceria*. As leituras veiculadas devem estar integradas umas com as outras, os palestrantes não priorizam um trabalho tecnicista, mas um serviço pedagógico que leva em conta a capacidade de entendimento do público presente. O diálogo dos ouvintes com os palestrantes deve ser constante e prioritário. Cada expositor deve conduzir sua análise respeitando a sua formação profissional e a formação profissional dos demais expositores. A pesquisa é ponto fundamental do trabalho e está presente em todos os colóquios. A fundamentação teórica transmuta-se em cada apresentação, em função do objeto de arte exposto e da reflexão dos palestrantes convidados, dessa forma, prioriza-se o processo e não o projeto. A análise da obra de arte pressupõe sempre por parte dos palestrantes uma reflexão acerca dos conceitos, mitos ou práticas que cercam a produção artística, apontando uma realidade em constante mutação. A possibilidade de se estabelecer convênios e parcerias com institutos, associações, grupos de pesquisa e órgãos governamentais confirma ainda mais a natureza interdisciplinar do projeto.

V. O GEPI E O PROJETO
PENSAR E FAZER ARTE

O GEPI é formado por professores, mestrandos, doutorandos e alunos egressos do Programa de Pós-Graduação em Currículo da PUC-SP. Este grupo, estabelecido em 1986, sob a orientação de Ivani Fazenda, tem promovido pesquisas sobre Interdisciplinaridade em várias áreas do conhecimento além da educação, tais como arquitetura, administração, direito, jornalismo, artes plásticas, música e saúde. Tem por finalidade desenvolver atividades de pesquisa e assessorar, teórica e praticamente, os trabalhos de pesquisadores e de instituições interessadas nas questões da Interdisciplinaridade. Visa também desenvolver pesquisas sobre os aspectos epistemológicos envolvidos na formação de educadores e no uso de tecnologias digitais. Entre outros aspectos, estabelece parcerias com outros Programas de Pós-Graduação da PUC-SP e do País, além de contatos e parcerias com centros internacionais que tratam das questões da interdisciplinaridade na formação de educadores. A experiência acumulada ao longo destes anos revelou que o avanço científico da linha de pesquisa somente foi possível graças a uma produção científica coletiva.

Este grupo de pesquisa ao longo de sua trajetória já constitui parcerias com outros grupos de estudo sobre interdisciplinaridade no país e no mundo, entre eles: Centre de Recherche sur l'intervention éducative – Faculte d'education – Université de Sherbrooke, L'Université François – Rabelais de Tours, Universidade de Aveiro em Portugal. No Brasil está associado ao CETRANS, Universidade Tuiuti do Paraná, Unicsul e outros estabelecimentos de ensino. Através de seus membros e de sua coordenadora e líder de pesquisa – Profa. Dra. Ivani Fazenda, tem produzido inúmeras publicações e participado de Congressos e Encontros Científicos Nacionais e Internacionais. No Banco de Dados da Pontifícia Universidade Católica de São Paulo, foram coletadas até o presente momento 13 teses de doutoramento e 39 dissertações de Mestrado defendidas pelos seus pesquisadores.

VI. COLÓQUIOS E ATIVIDADES REALIZADOS NO PROJETO

A produção artística desenvolvida no *Projeto Pensar e Fazer Arte* até a presente data está margeada em 15 colóquios, alguns no Auditório Tuca, Tuca Arena, departamentos e auditórios da PUC-SP, outros, em escolas, livrarias, consulados e universidades brasileiras, todos organizados pelo Prof. Dr. Claudio Picollo. Também foram produzidos cerca de 40 programas gravados para a TV PUC, entrevistando os colaboradores e palestrantes que participaram direta ou indiretamente do projeto. A pesquisa produzida nesses colóquios foi exposta no III Congresso Internacional Transdisciplinaridade, Complexidade e Eco-formação em Brasília, 2008, e no XVI Congreso Mundial de Ciências de La Educación em Monterrey, Nuevo León, México, 2010.

Os primeiros colóquios concentraram-se nas seguintes temáticas:

- *O que é Literatura? O que é Ópera? O que é Cinema?;*
- *Vida e obra de Maria Callas e a formação do educador.*

A partir da exposição de alguns trechos operísticos e árias, foram analisadas as seguintes óperas:

- *Carmem de G. Bizet;*
- *La Traviata de G. Verdi;*
- *MacBeth de G. Verdi;*
- *O Barbeiro de Sevilha de G. Rossini.*

Algumas atividades artísticas ligadas à biodança, arte da degustação e dos sentidos também foram objeto de pesquisa. Como se trata de um projeto interdisciplinar, sua continuidade e valoração vão depender de seus palestrantes e ouvintes.

O ENSINO DAS ARTES SOB UMA PERSPECTIVA INTERDISCIPLINAR

Sonia Regina Albano de Lima

O texto em questão leva em conta o seguinte questionamento: *De que forma o ensino artístico no Brasil poderia se integrar à programação curricular da educação básica e superior, levando-se em conta a hierarquização das disciplinas presente em nosso sistema educativo?*

Tal hierarquização projeta-se em razão da importância que determinada disciplina adquire na formação do conhecimento humano, ainda que os Parâmetros e as Diretrizes Curriculares não expressem verbalmente esta realidade. Como consequência, o tempo médio semanal de ensino dedicado às disciplinas é projetado em função dessa hierarquização. Quanto mais hierarquizada a disciplina, maior o tempo de ensino a ela destinado.

Na educação básica brasileira, o ensino da língua materna e da matemática tem prioridade máxima, pois essas áreas do conhecimento são essenciais à formação humana em virtude de sua dimensão utilitária e essencial ao desenvolvimento social do indivíduo. Em grau complementar seguem as ciências humanas, as ciências naturais e a educação física. Resta ao ensino artístico uma fatia ínfima desse aprendizado, visto que as artes são consideradas elementos de enriquecimento pessoal na formação do conhecimento, mas não primordiais a ele. Na educação superior, as artes só integram o currículo das licenciaturas específicas, a exemplo: licenciatura em música, licenciatura em artes plásticas, etc. Essa realidade tem deixado as artes à margem do processo de ensino/aprendizagem. Com isso, a sociedade cada vez mais sente falta de profissionais capazes de utilizá-la nos mais diversos campos de conhecimento e professores de arte habilitados.

A promulgação da LDB nº 9.394, de 20 de dezembro de 1996, introduziu no país uma política de ensino mais flexibilizada, democratizante e interdisciplinar, motivando a criação de novas diretrizes para os processos de aprendizagem, a valorização dos diversos procedimentos de aplicação do saber e a inter-relação entre eles. Para que se cumprissem essas exigências, foram editados os *Parâmetros Curriculares Nacionais* – uma coletânea de 10 volumes que são o referencial de qualidade para a educação básica. Além de consolidar as metas de qualidade que ajudam o aluno a se conhecer, conhecer o mundo e atuar nele de forma participativa, reflexiva e autônoma, eles também concorrem para implantar a compreensão e integração das diversas áreas do conhecimento, contribuindo para uma docência mais eficiente.

Os objetivos pedagógicos desse documento estão nas intenções educativas quanto às capacidades cognitivas que devem ser desenvolvidas nos alunos ao longo de sua escolaridade, a integração desses saberes sob o ponto de vista mental, físico e afetivo e a introdução do indivíduo na realidade sociocultural do país.

No que diz respeito ao ensino artístico, a LDB nº 9.394/96 passou a considerar a Arte *área de saber* e não mais *atividade educativa* como anteriormente fora tratada. Diante disso, os *Parâmetros Curriculares* das Artes promovem uma revisão crítica da livre expressão e a investigação da natureza da arte como forma de conhecimento, uma vez que todo o seu sentido pedagógico foi alterado. O pensamento artístico e a percepção estética são extremamente valorizados nesse documento. Essa orientação, entretanto, não sanou a falha que vinha ocorrendo na formação dos professores de Arte desde a década de 70, depois da implantação dos Cursos Superiores de Educação Artística. Tais cursos habilitavam professores polivalentes nas diversas modalidades de ensino artístico (artes plásticas, desenho, teatro, dança e música). Essa intenção pedagógica trouxe para o mercado profissionais cada vez mais despreparados, não só pelo tempo exíguo destinado aos cursos, como também pelo fato desse professor poder atuar em todas as linguagens artísticas sem especialização diretamente localizada em uma delas. As escolas, com um único professor de artes, ministravam a disciplina. A música, portadora de um léxico mais complexo, foi a mais prejudicada, pois teve de ceder espaço para modalidades artísticas de fácil aplicabilidade em sala de aula, tais como: desenho, artes plásticas e teatro.

A ineficiência comprovada dos cursos superiores de educação artística fez surgir as licenciaturas com habilitação específica em cada uma das modalidades artísticas. Graças a uma luta acirrada da categoria junto aos governantes, a música conseguiu seu espaço escolar com a aprovação da Lei nº 11.769, de 18 de agosto de 2008, que alterou parte da LDB nº 9.394/96, tornando obrigatório, mas não exclusivo, o ensino da música na educação básica. Presume-se, a partir desse ordenamento, que a hierarquização ainda se fará presente nessa habilitação, uma vez que o tempo destinado a esse ensino continuará a ser exíguo e a atuação do professor em sala de aula também será polivalente, tendo em vista que faltam no mercado licenciados em música, devido à recente criação desta habilitação.

Deve-se considerar que os diversos ordenamentos que regulamentam o ensino artístico ainda são insuficientes para conferir uma posição privilegiada das artes na educação básica. A música, por exemplo, continua a ser pensada, na maioria das escolas, como uma atividade artística e não um campo de conhecimento. Os vícios do passado ainda persistem, seja na escassez de profissionais habilitados para ensinar a disciplina, seja no reduzido espaço de tempo a ela destinado, motivos mais que plausíveis para impedir a formulação de um quadro de referências conceituais sobre a matéria e uma metodologia que permita alicerçar sua inserção junto às demais disciplinas do currículo.

Essa realidade entra em choque com os reais e comprovados benefícios da música para o desenvolvimento intelectual das crianças e dos jovens em idade escolar. Diversas habilidades cognitivas são trabalhadas, a partir da inserção da música no currículo escolar, dentre elas: a físico-cinestésica, a espacial, a lógico-matemática e as próprias habilidades musicais. Ao entrar em contato com a música, zonas importantes do corpo físico e psíquico do indivíduo são acionadas (os sentidos, as emoções e a própria mente). Por meio dessa arte o ser humano consegue expressar emoções que muitas vezes são inibidas pela linguagem verbal. Esse é um dado importante que possibilita desenvolver um trabalho de mérito com pessoas que apresentam algum tipo de bloqueio emocional, sociocultural e, até mesmo, físico. A educação especial tem se servido muitíssimo da música para obter efeitos positivos nos processos de ensino/aprendizagem. Também as representações mentais projetadas pela música são isentas de juízo de valor; isso permite a liberação de cargas emocionais positivas no organismo. A música também auxilia o desenvolvimento cognitivo da criança e dos jovens em várias áreas de conhecimento, principalmente se trabalhada de forma lúdica e significativa

Escolas americanas têm utilizado a música como recurso auxiliar para o aprendizado em geral. As pesquisas de H. Gardner têm demonstrado o quanto é importante trabalhar as artes, inclusive a música, para auxiliar o desenvolvimento intelectual do indivíduo, pois a linguagem artística passa necessariamente por um crivo subjetivo e afetivo – fatores primordiais para o desenvolvimento humano:

> *Apesar de a personalidade humana variar acentuadamente através das culturas e de o pensamento científico diferir em status e sofisticação em várias regiões, as artes aparecem em formas aproximadamente comparáveis em todas as civilizações conhecidas e, portanto, são pertinentes para o desenvolvimento humano no mundo todo. [...] Mesmo que exista o fazer, o perceber, o sentir e o uso do símbolo nas ciências, esses aspectos são mais totalmente realizados e integrados nas artes pelos criadores, intérpretes e membros da audiência, do que pelos pesquisadores, teóricos e estudantes nas ciências. Em certo sentido, então, estou escrevendo sobre as artes, porque elas me permitem expressar mais adequadamente minhas noções sobre o desenvolvimento.* (GARDNER, 1997, p. 47-8)

Gardner acredita que o ensino das artes auxilia os indivíduos a compreender e se comunicar com o mundo sob uma perspectiva estética, simbólica e subjetiva:

> *Já que as artes envolvem comunicação entre sujeitos, os seres humanos precisam estar envolvidos no processo artístico. Uma visão da natureza não deve ser considerada como artística, mas uma representação dela pode [...] as primeiras tentativas de uma*

criança com um lápis ou pincel, ou os respingos de um pintor de ação podem ser estéticos, já que essas atividades tipicamente envolvem um desejo por parte de um sujeito de comunicar algum tipo de conhecimento ou entendimento a outro [...] Um padrão aleatoriamente produzido pode ser considerado belo, mas não funcionará como um objeto estético, a menos que um impulso comunicativo o tenha estimulado [...] o trabalho de arte contém numerosas implicações, e cabe ao percebedor deduzir esses significados, independentemente daqueles que o artista pretendia comunicar. (GARDNER, 1997, p. 54)

As artes, para Gardner, consolidam-se a partir de imagens sensoriais e não por um corpo de informações que se acumula no decorrer dos tempos. Os cientistas buscam uma explicação do mundo, os artistas buscam recriar, comentar ou reagir aos aspectos do mundo ou facetas da experiência subjetiva, vivificando-os para uma audiência em vez de reduzi-los a seus fundamentos:

Aspectos da vida que parecem inexplicáveis ou inefáveis para os cientistas dominam a esfera estética. Consistentemente com esta diferença de ênfase, as artes tendem a se preocupar mais com os sentimentos e pensamentos dos indivíduos do que com o mundo dos objetos, enquanto a ciência tem sido notavelmente mais preocupada e bem-sucedida neste último domínio [...] Nas artes, todavia, é feita uma tentativa de comunicar aspectos subjetivos da vida, através da criação de um objeto capaz de capturar esses fatores subjetivos. (GARDNER, 1997, p. 57)

Gardner admite que as artes, concentrando fatores subjetivos e objetivos, transcendem a distinção entre afeto e cognição, entre sentimentos e pensamento, ou seja, as artes são apreendidas pelo intelecto, mas elas também provocam respostas afetivas e sentimentos diversos no indivíduo. Um desenvolvimento artístico adequado pode fazer aflorar no indivíduo inúmeros estágios psíquicos e cognitivos ideais para o seu aprimoramento. No livro *Educación artística y desarrollo humano,* Gardner admite que o grande desafio da educação artística está em modular de maneira eficaz os valores da cultura; os meios disponíveis para a educação nas artes e os perfis individuais e de desenvolvimento dos estudantes que serão ensinados (GARDNER, 1994, p. 14).

Esse modelo de ensino artístico respeita os valores socioculturais dos indivíduos, adequando-os ao melhor convívio social; auxilia-os no desenvolvimento de suas personalidades; promove inter-relações entre os vários códigos linguísticos; libera estados emocionais que a linguagem verbal não é capaz de expressar; não elitiza o ensino artístico, democratizando-o entre todos; promove um diálogo silencioso do indivíduo com o objeto artístico e com o mundo que o cerca. As inclinações e propensões artísticas dos indivíduos quando encontram ambientes escolares propícios e ambientes sociais adequados têm maior possibilidade de desenvolvimento. Isso permite uma ação docente mais ampla que pode estar presente em várias camadas da sociedade.

Para Gardner, as emoções nas artes têm um valor cognitivo e guiam o indivíduo na elaboração de determinadas distinções, no reconhecimento das afinidades, na construção de expectativas e tensões que logo se solucionam:

> *Sin embargo, la habilidad artística humana se enfoca primero y ante todo como una actividad de la mente, como una actividad que involucra el uso y la transformación de diversas clases de símbolos y de sistemas de símbolos. Los individuos que quieren participar de un modo significativa en la percepción artística tienen que aprender a descodificar, a "leer", los diversos vehículos simbólicos presentes en su cultura; los individuos que quieren participar en la creación artística tienen que aprender de qué modo manipular, de qué modo "escribir con" las diversas formas simbólicas presentes en su cultura; y, por último, los individuos que quieren comprometerse plenamente en el ámbito artístico tienen que hacerse también con el dominio de determinados conceptos artísticos fundamentales.* (GARDNER, 1994, p. 30)

Por isso é que, para esse pesquisador, as Artes devem receber o mesmo tratamento reservado às outras áreas de conhecimento. H. Gardner põe em xeque a ideia cristalizada de que os sistemas simbólicos *lógico-matemático e linguísticos* formam o eixo principal de qualquer outro sistema de comunicação. Para ele, a educação artística é um campo propício para o desenvolvimento de outras habilidades cognitivas diferentes do lógico-matemático e da linguística e muito necessária para o desenvolvimento humano, pois atua diretamente no imaginário e nas emoções dos indivíduos. Nesse sentido, o ensino das artes manifesta-se como uma ferramenta eficaz para a educação, já que permite ao indivíduo expressar seus sentimentos sem perpassar a linguagem verbal. As Artes quando bem direcionadas podem levar o indivíduo a desvelar o seu próprio interior e se reconhecer como tal.

Linda Campbell e Bruce Campbell (2000) descreveram os resultados pedagógicos alcançados em escolas que utilizam as inteligências múltiplas de H. Gardner de forma interdisciplinar, sendo a inteligência musical uma delas. Inúmeras pesquisas revelam a importância da música no desenvolvimento das habilidades cognitivas, psicomotoras, emocionais e afetivas das crianças, jovens e adultos. A música contribui para a formação integral do indivíduo, reverencia os valores culturais, difunde o senso estético no indivíduo, promove a sociabilidade, encoraja a criatividade, a expressividade, introduz o sentido da parceria e cooperação, ativa a sensibilidade e a subjetividade dos indivíduos. Ela auxilia o desenvolvimento motor, pois trabalha a sincronicidade dos movimentos (pés/mãos; fala/palmas; palmas/pés; voz e palmas etc.). O senso rítmico é intensificado, o senso espacial, a escuta externa e interna. Um indivíduo que trabalha com a música ativa sua percepção sensorial. Ela é uma excelente ferramenta nos processos de aprendizagem, pois evoca soluções criativas diante dos fatos, auxilia na comunicação verbal e propicia um trabalho coletivo, realça a importância do meio ambiente e da cultura, dá segurança para as crianças falarem de seus sentimentos, facilita a autoconsciência, a autoexpressão, a autoestima e a tomada de decisões. Estudiosos da psicologia têm se preocupado em observar quais os movimentos ocorridos no cérebro quanto ele recebe um estímulo musical. O cérebro pode nos dizer coisas surpreendentes a respeito da música (LEÃO, 2001).

A música pode ainda debelar a agressividade ocorrente nas escolas e os problemas de rejeição dos alunos, pois permite a integração de cotidianos culturais diversos, um aprendizado lúdico e a parceria como meta de trabalho. Ela permite atuar com jogos, com a voz, instrumentos de percussão, rodas e brincadeiras com a intenção de se obter um bom desenvolvimento auditivo, rítmico, a expressão corporal e a socialização das crianças, tendo como fruto principal o trabalho cooperativo, ao invés do competitivo.

Desde que a música deixou de ser ensinada nas escolas de ensino fundamental e médio, decresceu o número de apreciadores musicais e, consequentemente, de estudantes interessados em se profissionalizar nesse campo. As demais modalidades de ensino artístico sofrem do mesmo mal. Com isso, o poder da mídia subjugado à rentabilidade econômica do país e a crescente falta de critérios artísticos para julgamento das obras de arte têm agravado consideravelmente a situação.

Na educação em geral, o aprendizado das artes possibilita aos alunos se relacionarem criativamente com as demais disciplinas do currículo. Ao conhecer as diversas modalidades artísticas, o aluno poderá compreender a relatividade dos valores que estão enraizados nos seus modos de pensar e agir; torna-se capaz de perceber sua realidade cotidiana mais vivamente, sentir e articular significados e valores que governam os diferentes tipos de relações entre os indivíduos. A Arte permite ao indivíduo a compreensão mais significativa das questões sociais. Ela ensina que é possível transformar a existência, que é preciso mudar referências a cada momento, ser flexível. Ela estimula uma linguagem simbólica e oferece um poder de comunicação com os objetos que circundam o mundo. Ela cria uma percepção estética do mundo, desenvolve a sensibilidade e a imaginação tanto para realizar formas artísticas, quanto para apreciá-las (TRAJANO, 2008).

Os indivíduos têm a noção equivocada de que a arte é um trabalho para os gênios. Essa premissa não é verdadeira. Como todas as áreas de conhecimento, é preciso estudar Arte para se trabalhar com ela. Portanto, a formação de um profissional de artes deve ser eficaz, a fim de que ele tenha condições de repassar para os alunos e para a sociedade os conhecimentos adquiridos. Hoje, em uma política de ensino comprometida com a mundialização, a tecnologia e a globalização, a preservação da personalidade cultural de cada país e dos indivíduos é requisito primordial para impedir a massificação cultural já tão vivenciada e preservar as finalidades socioculturais e psicológicas do homem e da sociedade. Saberes da experiência, saberes técnicos e saberes teóricos devem interagir de forma dinâmica no processo de ensino/aprendizagem sem nenhuma linearidade ou hierarquização.

Esse comportamento formativo só encontra eco em uma ação pedagógica interdisciplinar. Na interdisciplinaridade escolar a perspectiva de trabalho é manifestamente educativa, não se busca nela os saberes constitutivos das ciências, como exige a interdisciplinaridade científica (CHERVEL, 1988). Na interdisciplinaridade escolar, as noções, as finalidades, habilidades e técnicas visam favorecer o processo de aprendizagem, respeitando e integrando os saberes dos alunos. Como nos ensina Ivani Fazenda:

> *Cada disciplina precisa ser analisada não apenas no lugar que ocupa ou ocuparia na grade, mas nos saberes que contemplam, nos conceitos enunciados e no movimento que esses saberes engendram, próprios de seus lócus de cientificidade. Essa cientificidade, originada das disciplinas, ganha* status *de interdisciplina no momento em que obriga o professor a rever suas práticas e a redescobrir seus talentos, no momento em que ao movimento da disciplina seu próprio movimento for incorporado.* (FAZENDA, 2008, p. 18)

Portanto, é na interdisciplinaridade escolar que as artes terão condições de se incorporar ao programa de ensino das escolas e poderão ser avaliadas enquanto formas de conhecimento.

Anderson Araújo-Oliveira, ao discorrer sobre a natureza multidimensional da prática pedagógica, considera-a a prática profissional do professor antes, durante e depois da sua ação em classe com os alunos:

Ela revê as competências, os invariantes de conduta, bem como os esforços de adaptação efetuados pelo profissional do ensino para responder aos desafios impostos pelas situações complexas em contexto de ensino-aprendizagem. (FAZENDA, 2008, p. 55)

Essa intervenção educativa é definida por Yves Lenoir como um conjunto de ações sistematizadas postas por pessoas designadas, fundamentadas e legitimadas para alcançar, num contexto institucionalmente específico, os objetivos educativos socialmente determinados, colocando em evidência as condições mais adequadas possíveis para favorecer os alunos nos processos de aprendizagem (FAZENDA, 2008, p. 56-7).

A intervenção educativa permite abordar a prática pedagógica em suas diferentes fases, destacar a interação entre os alunos e o professor e sublinhar a função mediadora central do professor que age na relação de aprendizagem que se estabelece entre os alunos e os objetos do conhecimento (LENOIR, 2002).

Essa conceituação reporta-nos a novos questionamentos com relação ao ensino das Artes: *De que forma se processa a intervenção educativa no ensino artístico? Como ensinar artes? De que forma elas poderiam integrar a matriz curricular do ensino fundamental e médio? Quais os desafios a serem percorridos? Que profissional habilitar? Onde e como cada manifestação artística se inter-relaciona com as outras disciplinas?*

O ensino artístico que privilegia o tecnicismo e a falta de uma metodologia pedagógica que pensa a arte como arte aplicada afasta mais e mais os leitores, apreciadores, criadores e educadores. Quanto mais longínqua estiver a arte do convívio social, menor será o índice de indivíduos que se dedicarão a ela. Assim sendo, os processos de ensino/aprendizagem artística na educação básica devem ser mais democráticos e flexíveis. Habilitar um bom profissional de arte é tarefa mais do que primordial do ensino superior de artes, nos demais níveis, entretanto, esse ensino deve ter outras prioridades. Nesses casos, a Arte passa a ser pensada como um bem cultural capaz de interferir positivamente na formação da personalidade humana. Essa tarefa, que aos professores de ensino superior de artes e profissionais em arte parece menos gloriosa, para os professores da educação básica apresenta-se como uma profunda e infinita capacidade de intervir, interagir e expandir o conhecimento artístico de forma a democratizá-lo no mundo. É uma tarefa árdua, porque pressupõe um constante diálogo com parceiros de diferentes disciplinas e de diferentes hierarquias, quais sejam: professores/alunos, especialistas/apreciadores, instituições de ensino/organismos não oficiais, professores de áreas distintas/professores de artes.

São reais as palavras de H. J. Koellreutter com relação ao ensino musical e elas podem se estender para todo o ensino artístico:

> *Na sociedade moderna, a arte, como arte funcional, envolve o homem e deixa sua marca na vida diária. Não se trata, de forma alguma, de uma atitude indiferente quanto à sua existência ou não. Ela será*

sempre um fator necessário e decisivo, uma parte integrante da civilização. Somente um tipo de educação e ensino musical é capaz de fazer justiça a essa situação: aquele que aceita como função a tarefa de transformar critérios e ideias artísticas numa nova realidade resultante de mudanças sociais. Surgirá um tipo de ensino musical para o treinamento de musicistas que, futuramente, deverão estar capacitados a encarar sua arte como arte aplicada, isto é, como um complemento estético aos vários setores da vida e da atividade do homem moderno. Acima de tudo, musicistas que deverão estar preparados para colocar suas atividades a serviço da sociedade [...] a situação do ensino musical entre nós carece, em primeiro lugar, de uma análise e, talvez, de uma reflexão com respeito às condições sociais do país. Poucos são os que, ao analisar as contradições e conflitos que surgem entre o aprendizado do estudante de música e a realidade profissional, entre a ilusão das ambições artísticas e a adaptação irrefletida às exigências das atividades musicais, tiram conclusões para uma reformulação adequada do ensino musical. (KOELL-REUTTER, 1997, p. 39)

Essa posição torna ainda mais providencial o apelo da pesquisadora Ivani Fazenda, ao afirmar que a iniciativa pedagógica interdisciplinar deve ter início na universidade:

> *O debate inicia-se na universidade com a necessidade de inclusão inexorável do ser humano na organização dos estudos, porém, amplia-se gradativamente a um segundo patamar de preocupações: o das diferentes esferas da sociedade necessitadas de rever as exigências dos diversos tipos de sociedades capitalistas onde o cotidiano das atividades profissionais desloca-se para situações complexas para as quais as disciplinas convencionais não se encontram adequadamente preparadas. Navegar entre dois polos da pesquisa de sínteses conceituais dinâmicas e audazes e a construção de formas de intervenção diferenciadas – constitui-se objeto de pesquisa há quase vinte anos, entre muitos pesquisadores da área: Klein (1985), Nylton (1985), Fazenda (1990). (FAZENDA, 2008, p. 20)*

Não é usual encontrarmos nas universidades, centros universitários e faculdades brasileiras projetos ou atividades programadas que privilegiam as manifestações artísticas em geral. O que é necessidade para os cursos superiores de música foge da alçada dos cursos superiores das demais áreas de conhecimento. Tal comportamento deixa à margem uma produção cultural importante da sociedade.

Foi essa realidade que motivou a criação do *Projeto Pensar e Fazer Arte*. Ele tem sido a prova substancial de que é possível, por meio de atividades extracurriculares, repassar aos universitários e interessados informações artísticas sob uma perspectiva interdisciplinar; promover o intercâmbio cultural com instituições de ensino da educação básica, organismos e instituições não oficiais de ensino; consolidar um repertório básico da produção artística, capaz de auxiliar a produção de apreciadores de arte. É um projeto capaz de propagar a produção artística nacional e internacional para diversos níveis de ensino e instituições, uma vez que reflete a relação profunda que se estabelece entre o artista, a obra de arte e o mundo.

Por meio desse projeto obtêm-se um ensino artístico diferenciado, pois o público presente recebe informações de pesquisadoras de todas as áreas de conhecimento, com o único objetivo de trabalhar por uma educação mais humanitária, mais integrada.

Trabalhos similares estão sendo realizados nas pinacotecas, teatros, casas de concerto, bibliotecas, instituições artísticas, todos com o objetivo de formar novos apreciadores de Arte.

A Orquestra Sinfônica do Estado de São Paulo (OSESP), por exemplo, antes dos concertos, tem realizado palestras informais com um profissional qualificado, falando do repertório que será apresentado, da época em que foi criado, dos compositores, de tal forma que, ao adentrar a sala de concerto, o ouvinte já dispõe de certo conhecimento daquilo que vai ouvir. Nas óperas e trabalhos artísticos que envolvem um texto escrito, é cada vez mais comum a inserção de painéis digitais contendo a tradução desse material. Também está se intensificando a inserção de atores declamando os textos literários que serão musicados, as mídias de apoio e os programas de concerto cada vez mais elucidativos. Esse comportamento determina a intenção dos promotores de eventos artísticos de fazer o público interagir com a obra de arte. Esses mesmos espaços articulam atividades artísticas ou concertos educativos para crianças da Rede de Ensino Público. Nos estabelecimentos de ensino superior cada vez mais assistimos a realização de dissertações e teses pesquisando as inter-relações da arte com outras áreas de conhecimento, seja nos Departamentos de Música e Arte, sejam em outras áreas de conhecimento, entre elas: a literatura, a comunicação e semiótica, a história, a sociologia, a psicologia, as ciências sociais em geral, a antropologia, a geriatria, a educação, etc.

Vejo a importância deste projeto no fato de ele difundir a Arte e os objetos artísticos, para um público que não é profissional na área, mas tem interesse e prazer em conhecer, apreciar e compartilhar dessa experiência. A partir de sua exposição, processa-se a veiculação entre o velho e o novo, o diálogo entre as partes e a parceria de saberes previstos na Interdisciplinaridade. Quando não, as práticas artísticas são veiculadas aos participantes, permitindo a participação direta com o público presente. É um antídoto à forma depositária de transmissão e trans-ferência de valores e conhecimento presente no ensino brasileiro e segue a orientação de Paulo Freire que vê a educação como uma forma política de o homem intervir no mundo e transformar a sociedade:

> *Em lugar de comunicar-se, o educador faz "comu-nicados" e depósitos que os estudantes, meras incidên-cias, recebem pacientemente, memorizam e repetem.*

> *Eis aí a concepção "bancária" da educação, em que a única margem de ação que se oferece aos educandos é a de receberem os depósitos, guardá-los e arquivá-los. [...] Educador e educandos se arquivam na medida em que, nesta distorcida visão da educação, não há criatividade, não há transformação, não há saber. Só existe saber na invenção, na reinvenção, na busca inquieta, impaciente, permanente, que os homens fazem no mundo, com o mundo e com os outros. Busca esperançosa também.* (FREIRE, 2000, p. 66-7)

Essa maneira de ensinar integra de forma salutar: experiência, vivência, conhecimento e mundo. Ela faz reviver as intenções pedagógicas expressadas por G. Gusdorf:

> *Para que ocorra o aprendizado, o aluno deve criar com o saber uma relação de autêntica convivência, de prazer, de entre, conivência e criatividade. É necessário que o aluno sinta na apreensão do conhecimento o seu sentido de vida, a sua evolução como ser humano e nessa tarefa o professor tem uma participação direta. Quanto mais ele se dedicar a essa tarefa, mais carisma e autoridade terá perante a classe e o educando. É o professor que motivará os alunos, para que compreendam o valor do ensino oferecido. A principal tarefa de um educador é conduzir o aluno para descobrir esses valores nas suas experiências e vivências pessoais. O saber não pode ser imposto, ele deve ser criativo e para que isso ocorra*

é preciso que o aluno participe, conviva com os novos valores, assuma-os em vida, vivencie-os. (GUSDORF, apud LIMA, 2009, p. 87-8)

Temos os saberes armazenados em nossa memória, mas, também temos o potencial de selecionar e combinar o imprevisível. Depende exclusivamente da nossa capacidade e dos estímulos recebidos saber transformar esse real em realidade, e organizá-los em linguagens diversificadas.

Essas operações mentais são possíveis graças ao livre trânsito entre um código e outro, entre interpretantes e entre repertórios. Dessa maneira, quanto mais significativas forem as nossas representações, maior o acesso aos vários códigos. Inúmeros pesquisadores têm apontado o quanto é ineficaz um aprendizado que se produz de forma mecânica, fragmentada. Atualmente espera-se muito mais do ensino:

O professor, ao transmitir seus conhecimentos, deve fazê-lo de forma significativa, pois o que está em jogo não é a simples transmissão de saberes, mas, a busca pelo desenvolvimento integral da personalidade humana do aluno e o respeito à sua individualidade. (LIMA, 2009, p. 94)

Assim pensado, transcender um modelo de ensino artístico tecnicista, cristalizado no tempo, exige mudanças comportamentais profundas, tanto das instituições de ensino, dos sistemas educativos, dos próprios docentes e da sociedade em geral. Um trabalho interdisciplinar parece-nos a solução mais adequada. O professor interdisciplinar, ao ser contagiado por esta atitude, é conduzido ao exercício contínuo do questionamento e da dúvida que precisa ser solucionada. Como nos diz Ivani Fazenda, ao fazer este exercício cotidianamente, o professor não permanece atrelado a uma sociedade do passado de certezas e acertos paradigmáticos, onde a função docente se exercia pautada nesses critérios de verdade e cientificidade:

> *Na sociedade presente em que a tônica fundamental é a complexidade e a insegurança, cumpre-se que ela seja enfrentada e exercida em suas últimas consequências, além das certezas, e a partir das dúvidas.* (FAZENDA, 1994, p. 134)

Podemos concluir que o *Projeto Pensar e Fazer Arte* permite ao público presente constituir um repertório significativo capaz de interagir na produção de novos conhecimentos. Ele também permite trabalhar categorias interdisciplinares importantes como o diálogo, a parceria, a integração de linguagens, a leitura multidisciplinar da obra ou do contexto artístico. Os colóquios produzidos são capazes de ativar subsunçores já existentes na estrutura cognitiva que servem de ancoradouros para novas informações. As leituras dos palestrantes permitem ainda a interação entre o conhecimento adquirido com novos processos de aprendizagem. Ele sensibiliza os participantes para melhor compreender a produção artística, valoriza os benefícios que esse conhecimento produz, cria ferramentas que possibilitam a comunicação e a expressividade do indivíduo por meio da Arte. Essa é uma das possibilidades, não a última para tornar a arte um processo cognitivo capaz de se agregar às demais áreas do conhecimento, harmonizando o pensar, o sentir e o fazer no mundo.

A ação interdisciplinar extracurricular produzida nesses colóquios promove uma leitura do fenômeno artístico integrada às diversas zonas de referência que circundam o processo, adequando as zonas de representação às reais necessidades da sociedade, promovendo um tipo de conhecimento que sensibiliza artisticamente o indivíduo.

O Vaso Branco –
uma leitura artística
e interdisciplinar
em sala de aula

Claudio Picollo

Dedico este capítulo aos professores e pesquisadores da educação, com o intuito de fazê-los refletir sobre o papel que devem exercer nas instituições de ensino e na sociedade e como eles poderão restabelecer a sua capacidade docente e sua dignidade profissional.

Na atualidade, assistimos a um governo um tanto descomprometido com os rumos da educação. Se de um lado é responsabilidade do Estado fornecer ao cidadão a escolaridade suficiente para que ele tenha uma vida mais digna, do outro, é função dos educadores e pesquisadores fornecerem elementos e produção científica que auxiliem ou possibilitem o crescimento do homem como um ser racional e crítico.

Como professor interdisciplinar, analiso esta questão sob diversos ângulos e em universos distintos, a fim de perceber que possibilidades e impossibilidades estariam presentes na solução dessa questão e nesse sentido recorro a minha história. Como professor de inglês, procurei me concentrar na capacidade de fazer meus alunos desenvolverem a habilidade da fala em outra língua, como também possibilitar a ampliação do repertório cultural/artístico do aluno e professor, tendo como veículo a língua inglesa. Para isso eu precisava ser criativo; desenvolver uma autonomia e liberdade em sala de aula que permitissem aos alunos exporem suas ideias, seus pensamentos. Também precisava que eles refletissem sobre o material abordado em sala de aula, o que tornaria a sala de aula um lugar expressivo e significativo, no dizer de Paulo Freire:

> [...] é vivendo, não importa com que deslizes, com incoerências, mas disposto a superá-los, a humildade, a amorosidade, a coragem, a tolerância, a competência, a capacidade de decidir, a segurança, a eticidade, a justiça, a tensão entre paciência e impaciência, a parcimônia verbal, que contribuo para criar, para forjar a escola feliz, a escola alegre. A escola que é aventura, que marcha, que não tem medo do risco, por isso que recusa o imobilismo. A escola em que se pensa, em que se atua, em que se cria, em que se fala, em que se ama, se adivinha, a escola que apaixonadamente diz sim à vida. E não a escola que emudece e me emudece. (FREIRE, 1995, p. 63)

Os vídeos de arte, os textos ligados à cultura e a educação, eram costumeiros nas minhas aulas. A partir deles a classe expunha suas ideias de forma a desenvolver um excelente material linguístico e cultural. Foi numa dessas aulas, em junho de 2003, que eu pude obter a certeza inabalável que caminhava em terreno fértil e seguro. Uma das alunas em formação, ao visitar a exposição *Guerreiros da China*, pediu para ler na classe um texto escrito por ela em inglês, que mais tarde foi traduzido e apresentado em um evento de Prática de Ensino, promovido pela Faculdade de Comunicação e Filosofia da PUC-SP, realizado no mesmo mês e ano. Esta relíquia me foi ofertada e até hoje guardo com carinho para servir de alento na minha trajetória de docente. Partilho esta belíssima experiência com o leitor, porque nada seria mais significativo do que sua leitura.

* * *

Caros amigos, bom dia a todos!

Meu nome é Violetta, e sou uma das professoras em formação da turma da manhã do curso de Prática de ensino de Língua Inglesa I, ministrado pelo professor Claudio Picollo.

Hoje estou aqui para dar um pequeno testemunho do que o curso tem significado para todos desta turma, especialmente para mim. O texto que vou apresentar é apenas um dos muitos resultados do nosso curso.

"The White Vase" – Um Olhar Interdisciplinar no "Arts Based Approach", nas Atividades Culturais e na Formação do Educante.

Há uma espécie de ditado que diz que somos sempre reticentes quando nos deparamos com algo novo. Isto parece ser verdade, pois a primeira vez que ouvi "Arts Based Approach" aplicado ao ensino, imediatamente pensei "isto não vai servir para mim". A explicação é simples: sempre olhei para mim mesma e para a maneira como lido com o mundo de um ponto de vista pragmático, e "Arts" soou imediatamente como uma ameaça a esta minha confortável posição de professora disciplinar, a esta minha confortável maneira de pensar. O novo me ameaçou de pronto.

A contrapartida seria que o velho é sempre mais confortável, porque já sabemos exatamente o que vamos encontrar. Bem, depende de como você define novo e velho. Este texto é uma reflexão sobre estes dois estágios: novo e velho, ou melhor, sobre o não conhecido e o conhecido, que retiram os estereótipos eventualmente associados às palavras novo e velho.

O curso de Prática de Ensino I tem sido um balançar entre estes dois estágios, em que o não conhecido se torna conhecido para em seguida ganhar uma nova dimensão ainda não-conhecida, quer em relação aos conteúdos apresentados, quer principalmente quanto à reflexão sobre o que fazemos enquanto professores, ou para usar um termo mais moderno, o que representa um não-conhecido para mim enquanto educante.

Dois eventos fundamentaram esta discussão: um foi a leitura que fiz do texto "Rescripting the Script and Rewriting the Paper: taking researh to the edge of the exploratory" por C.T. Patrick Diamond and Carol A. Mullen, da Universidade de Toronto e da Universidade de South Florida respectivamente, sequência de um seminário no formato de "ensaio de peça teatral", apresentado por ambos em uma conferência ocorrida em 2000 sobre pesquisa educacional. Neste texto, os autores discutem a base teórica do "Arts Based Approach".[1] O outro foi a visita que fiz à exposição "Guerreiros da China" no Parque Ibirapuera, cujo resultado foi o texto originalmente escrito em inglês com o título "The White Vase" e que será traduzido abaixo. Minto, não será traduzido. Será "re-escrito".

Se eu perguntar a você "o que é um vaso?", provavelmente minha pergunta parecerá um tanto absurda, pois todos sabemos ou temos uma imagem do que é um vaso. A mesma estranheza ocorreria se eu perguntasse "o que é um vaso branco?". Um vaso, ou um vaso branco, é um conhecido. Pode até ser que você tenha um em casa, certo? Mas se eu disser que ensinar é como um vaso branco, você provavelmente se perguntará "do que ela está falando?" e é aqui que o seu conhecido ganha a dimensão do não-conhecido, ou, para utilizar a terminologia do "Arts Based Approach", é aqui que o script deve ser rescripted.

Para os autores mencionados, "toda pesquisa é um trabalho em progresso. O não previsto tem que se transformar em ação, para que algo novo ou mesmo surpreendente

---

[1] "Arts Based Approach and Story Telling and Narratives"

possa ser criado². Assim, há um movimento constante de idas e vindas entre o planejado e o não-planejado, entre o ensaio e a performance. É um constante pensar e fazer; pensar sobre o fazer; pensar fazendo e fazer pensando, de forma que o não-conhecido, ou o surpreendente, seja um lugar de re-escritura que nos leva a um novo conhecido, e assim por diante. Então não estou falando de um vaso branco, mas do vaso branco, este não-conhecido que me levou a uma nova maneira de pensar o trabalho, ou melhor, a arte de ensinar e aprender, ou a arte presente no ensinar e aprender, ou como a arte pode ensinar sobre como ensinar e aprender, ou como podemos aprender e ensinar, utilizando arte (percebe como esta questão de re-escritura pega você?).

A história do vaso branco começa assim: – Cinco mil anos de cultura estavam naquele Vaso Branco. Não dentro dele: o vaso era a própria representação. Foi esta a sensação que eu tive quando olhei para ele na exposição. Havia esperado duas horas na fila para entrar, até que finalmente a China se apresentou. À medida que caminhava pelo primeiro andar da exposição, 5000 anos de história se espalhavam à minha frente. É impressionante como tendemos a procurar uma associação imediata, no sentido pierciano do termo, com o que vemos. Senti isso porque algumas peças me fizeram lembrar da cerâmica Marajoara do norte do Brasil. Era inevitável não se sentir

---

² Quando surgem ideias criativas, interessantes, valoradas educacionalmente não pensadas pelo professor, deve-se interdisciplinarmente pô-las em funcionamento imediatamente, a fim de que a aula se transforme numa "thinking class".

transportado no tempo e tentar estabelecer um sentido na enorme quantidade de informação a minha volta. Mas eu logo percebi que aquilo era uma experiência visual, não de leitura de legendas explicativas. Uma pessoa pode se cansar rapidamente se sua atenção não for direcionada para o que realmente é significativo. Nossos alunos sabem disto melhor do que ninguém. Nós sabemos disto muito bem, porque todos fomos alunos em algum momento da vida e sempre o seremos.

Foi uma das últimas peças que eu vi no andar térreo. Estava no final daquela parte da exposição: O Vaso Branco. Tão simples e ainda assim tão perfeito. Embora estivesse colocado próximo a outras peças muito mais ricamente decoradas com uma exuberância de cores e detalhes, o vaso branco ressaltava. Na verdade, ele parecia suspenso, flutuando no ar contra o fundo preto. De acordo com a legenda, havia uma nuance verde nele, mas, para mim, no meu ponto de vista, era branco. Tinha mais de 3000 anos de idade. Dava para perceber umas linhas bem fininhas na superfície – era o craquelê do tempo. Parecia que tinha quebrado e sido colado de novo. O tempo não é o único que deixa marcas, mas as que ele deixa são muitas vezes mais visíveis do que aquelas deixadas por outros acontecimentos da vida. Tinha sobrevivido por 3000 anos e estava lá para nos lembrar que aquilo que realmente importa, fica. Nossos alunos estão aí para nos lembrar disso o tempo todo. Nós sabemos disso. Somente o que realmente importa pode prender nossa atenção e permanecer. Por alguma razão isto me fez pensar sobre o que significa ensinar. Se nós pensarmos no vaso como um receptáculo, então podemos pensar que nossos alunos são como vasos, onde a informação deve ser colocada vinda de nós, os vasos-fonte! Nada pode estar mais longe da verdade. Ou, talvez, esta seja apenas uma pequena parte do processo. Mas sim, eu realmente pensei em nós, seres humanos, como vasos.

O que eu quero dizer é o seguinte: – um vaso pode ser percebido como um lugar onde colocamos flores. Nós colocamos água e colocamos as flores dentro. Só tem um pequeno detalhe: as flores sobrevivem somente por algum tempo. Não importa o que você faça, elas morrem. Então, se nossos alunos forem como vasos neste sentido, a informação é como as flores: morre depois de algum tempo, pois não tem valor educativo. Pensado assim, o vaso termina no fundo. A única abertura é a parte superior. Ele recebe, guarda e mata porque a informação não se transforma em conhecimento.

Uma outra maneira de pensar o vaso é mostrar que ele pode ser muito mais que um túmulo – um vaso lembra um jarro. Nos tempos antigos grandes jarros, às vezes sem alças, eram utilizados para carregar água dos poços para as casas das pessoas. Talvez até hoje em dia, em alguns lugares, jarros – talvez não tão belos e refinados como o meu Vaso Branco – ainda o sejam. Assim, era uma forma de carregar a água da fonte e distribuí-la às pessoas. Conteria a água por algum tempo e então deixaria que ela servisse a seu fim, ser o líquido da vida para quem tem sede. Que tipo de vaso você quer ser? Um túmulo ou um meio para algo mais?

Há ainda uma outra forma de entender o vaso. Ele pode ser não um lugar em que colocamos flores para morrer, mas um lugar onde plantamos algo para crescer. Neste caso, o vaso precisa ter um furo no fundo, para que, ao aguarmos a planta, o excesso de água seja escoado para não apodrecer a raiz. O vaso passa a ser então não algo que isola, mas algo que se comunica com o mundo.

*Acredito que somos mais como os vasos do segundo e do terceiro tipo. Somos vasos onde plantamos algo para crescer, neste caso, conhecimento. Todos nós. Nós, educantes, não somos vasos onde as santas flores do conhecimento devem ficar. Se isto acontecer, nosso conhecimento morre conosco. Seremos monoprofessores de monodisciplinas. Nós e nossos alunos somos vasos que distribuem água e onde plantas crescem, florescem e dão frutos. Nossos alunos não são vasos vazios. Eles trazem plantinhas crescendo dentro deles, ou seja, eles já têm um **repertório**, que não é pequeno, e é nosso trabalho regar estas plantinhas e ajudá-las a crescer. Podemos imaginar a sala de aula como um jardim de vasos. À medida que o vento passa, leva sementes de um vaso ao outro. Aqui reside o ensinar e o aprender do ponto de vista da Interdisciplinaridade. Regar a sua plantinha para que ela dê frutos e as sementes possam ser levadas a outros vasos é ensinar. Aprender é estar com a boca do seu vaso bem aberta para que as sementes que caminham no vento possam cair e germinar. Somos todos ensinadores e aprendizes. Estamos em constante processo.*

*Foi nesta exposição que vi o vaso branco. Mas foi por causa das discussões no curso de Prática de Ensino que esta rede de relações foi estabelecida, pois havia um **repertório** construído a partir do que tinha visto em aula.*

*A visita a uma exposição, ou a qualquer outro **evento de arte**, ou a **ida à ópera** ou **ao teatro** etc. é um processo. À medida que fui caminhando, o vaso branco não me saiu mais da cabeça. Eu ainda não sabia qual era a conexão entre o vaso, os guerreiros, o "Arts Based Approach", meus alunos e meu próximo plano de aula. Precisava refletir sobre isso. Uma das minhas reflexões deu conta do fato de que, para mim, uma aula é sempre uma descoberta. Não importa quantas mil vezes eu já tenha dado aquela unidade, ela é sempre diferente. Quando vi os guerreiros, fiquei tentando imaginar como deve ter se sentido o arqueólogo que os descobriu. Isto me fez pensar sobre as nossas aulas. Pense comigo: – uma pessoa tem que ser um visionário para supor que aquilo que ele tem em mãos é de tal magnitude e perfeição que merece ser preservado para o futuro. Ele tem que ser um gênio para perceber que aquilo que ele tem terá valor e será relevante para a humanidade milhares de anos depois. É possível argumentar que o comandante do exército chinês que decidiu imortalizar seu modelo de guerra em 8000 estátuas (por sinal, cada uma delas diferente na expressão, nas roupas e no penteado!) não estava pensando em nós, pobres mortais do século XX. Pode ser que ele apenas tivesse um ego maior que o universo e quisesse ser lembrado. Que seja! O fato é que ele percebeu que valia a pena preservar aquela obra de arte, e se nós sentíssemos que cada aula dada tem tal poder e relevância... se nossos alunos considerassem que ela valeu a pena e se eles se sentissem tocados por aquela aula e ela lhes falasse de forma significativa e fizesse de fato diferença, não valeria a pena lembrar-se dela? – Era um vaso* *branco e estátuas de milhares de anos, mas, havia muito mais do que isto para se ver no Ibirapuera, não acham?*

Foi pensando nele que a questão do que é conhecido e do que é não-conhecido ficou mais clara. Como educantes, partimos sempre de um script *conhecido. Entretanto, por melhor que seja nosso* script, *há um não-conhecido inerente a toda* **experiência** *e é preciso estar aberto para fazer a re-escritura, e ensaiar de novo, fazer de novo e mudar o* script *de novo. Ou simplesmente jogar aquele* script *fora e começar outro, o que não deixa de ser uma re-escritura do ponto de vista do processo interdisciplinar. Diamond e Mullen apontam três elementos neste processo contínuo de re-escritura dentro do "Arts Based Approach". Uma questão é o risco envolvido em afastar-se do* script. *Neste sentido, ensinar ou pesquisar, ou qualquer outra coisa, pode se tornar tão arriscado como estar na beira de um precipício. Um segundo elemento, que fala de perto a edu-cantes e pesquisadores, é a culpa por não seguir o* script. *Na verdade, quando não seguimos o* script, *quer um que tenhamos escrito nós mesmos ou um que nos tenha sido imposto, podemos sentir uma certa culpa por nos atrever a tal. Mas o próprio atrevimento é uma mudança, que é o terceiro elemento e que é motivado pela curiosidade inerente à Interdisciplinaridade. Na verdade, os autores apontam para o fato de que mudar a maneira como faze-mos as coisas pode ser doloroso e aterrorizador (traz de novo o elemento "risco"), mas uma vez iniciado o processo de mudança, já estamos mudados e não há um caminho de volta. A mudança implica a passagem de um conhecido a um não-conhecido que pode tornar-se um novo conhecido.*

Poderíamos esquematizar da seguinte forma:

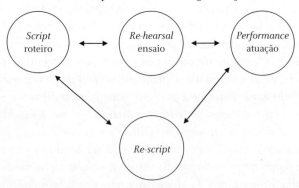

*É um processo constante de reflexão e mudança que ocorre em todas as etapas, já que, segundo aqueles autores, o "knowing is unfinalizable", que pode ser interpretado como "conhecer (ou conhecer-se)" nunca termina, ou não tem fim", e isto só ocorre quando eu olho para mim e para o outro com quem estou **inter**-agindo.*

O vaso e os guerreiros me eram não-conhecidos, embora já estivessem no mundo há mais de 3000 anos – portanto, bem velhinhos. O vaso tornou-se um grande amigo, daqueles que a gente tem a impressão de conhecer há três mil anos... O "Arts Based Approach?" Ele permeia o caminho da Interdisciplinaridade e parece que vou passar por este caminho muitas e muitas vezes daqui para frente.

Violetta
Junho de 2003

* * *

Aquele momento ainda presente em minha memória foi de extrema alegria, euforia, vontade de produzir mais, de deixar o pensamento fluir numa crença plantada e não implementada, numa crença que leva alguém, como esta professora-autora, a produzir um texto de extrema beleza e sensibilidade. Nele presenciamos a recuperação do humano, transparente por intermédio do próprio exercício de leitura do texto, do olhar bem no fundo do ser e do se perceber belo na alma. Este momento de regozijo, tanto para mim como para os professores em formação, é um bálsamo que aplaca a dor dos inúmeros momentos intrincados que esta profissão comporta. Como a própria professora-autora nos diz, devemos abandonar o olhar para nós mesmos, desapegar-nos de crenças muitas vezes cristalizadas e lançarmo-nos ao novo, inacabado, incompleto e produzir algo que nos ajude, individualmente, e aos outros, a atingir maior completitude de vida que aqui deve ser entendida como um elemento de valor teórico, educativo e artístico que contribuiu para o desvelamento da própria professora-autora, e do meu próprio desvelar.

Ela nos mostra precisa e cristalinamente a passagem de um momento estático para um dinâmico, um momento importante de ruptura do seu ser ao se defrontar com o vaso. Foi nesse ato de contemplação com o belo que aflorou em seu espírito todas as discussões referentes à abordagem teórica e vivencial de contextos artísticos produzidas em sala de aula. Num ímpeto e em um momento epifânico, motivada por associação por interesse, passa a escrever o texto acima, integrando os diferentes tipos de leitura: visual, oral, teórico, sua vida privada e acadêmica, suas crenças, seu ser sensível a mudanças, enfim todo o seu **Repertório**.

Este acontecimento exigiu de mim uma revisita a minha prática docente, fazendo-me refletir e, consequentemente, levando-me à reconstrução de minha própria prática e crença. Quando se tem uma produção como esta em sala de aula, torna-se dispensável provas, avaliações, exposições teóricas exaustivas, pois nessa vivência surge a figura do professor artista, do professor reflexivo, do professor criativo. E é na Interdisciplinaridade que reside a contínua co-construção linguística, comunicativa, educacional, artística/cultural do professor/pesquisador e dos participantes. Co-construção que, por sua natureza complexa, nos permite vislumbrar no ensino de língua estrangeira, ou em qualquer outro, a transformação da atitude profissional e pessoal do professor, do professor em formação e dos participantes. Aqui não são rejeitadas as disciplinas e suas especificidades, mas aprofundadas, incorporando-as a outros elementos ligados a outras disciplinas.

Nessa experiência eu vivi o meu desvelar e o desvelar dos participantes, como seres no mundo – um mundo onde a sala de aula deixa de existir para dar lugar ao pensamento livre, autônomo e crítico, capaz de resolver os problemas acadêmicos e pessoais que surgem em nossas vidas. O que repercute, reverbera, e o que reverbera dissemina. O que me leva a crer nisto é a possibilidade da procriação de futuros professores artistas, como no caso desta aluna Violetta. O caminho para isto é quando o professor, por intermédio da ***performance***, da representação deixa de ser um professor e passa a ser ator.

O PROJETO INTERDISCIPLINAR *PENSAR E FAZER ARTE* DO GEPI/PUC-SP E SUA IMPORTÂNCIA NA FORMAÇÃO DO APRECIADOR DE ARTE

Claudio Picollo
Sonia Regina Albano de Lima

O texto aqui produzido analisa um dos objetivos do Projeto *Pensar e Fazer Arte,* aquele que se destina à formação do apreciador de arte. É parte da comunicação apresentada no III Congresso Internacional, Transdisciplinaridade, Complexidade e Eco-formação, na Universidade Católica de Brasília, de 2 a 5 de setembro de 2008, na oficina denominada: O sentido das práticas interdisciplinares na formação do aluno em sala de aula, coordenada pela Profa. Dra. Ivani Fazenda.

Nos cursos de graduação e pós-graduação em educação, observa-se a constante falta de atividades programadas ou projetos culturais dirigidos para a apreciação de obras artísticas. Esses conteúdos acabam sendo menosprezados e, dessa forma, o poder de apreciação, compreensão e reflexão do objeto artístico restringe-se exclusivamente às escolas que atuam com essa área de conhecimento. Este comportamento estende-se por toda a educação brasileira, mais interessada em capacitar o indivíduo para o mercado de trabalho do que habilitá-lo a obter um conhecimento artístico-cultural suficiente para a constituição de uma massa crítica da obra de arte e, consequentemente, da cultura que permeia o mundo.

Ainda que esse comportamento seja habitual em todos os níveis de ensino brasileiro, a sociedade como um todo cada vez mais consome cultura, seja ela teatral, musical, literária ou plástica. Não vamos perguntar que cultura é esta e que tipo de benefício ela traz, mas é importante observarmos que um pequeno percentual da sociedade tem se constituído de um público sagaz e suficientemente capacitado para apreciar os valores culturais advindos da produção artística. Portanto, se a educação como um todo se preocupasse mais intensamente com a formação de um público apreciador das obras de arte, poderíamos conviver com uma sociedade mais sadia para atuar no mundo. A formação de um público apreciador da arte e da cultura do mundo é muito bem-vinda.

Foi com esse espírito que nasceu o Projeto Interdisciplinar *Pensar e Fazer Arte*. De início, surgiu com o propósito pedagógico de levar o ouvinte à compreensão do repertório operístico, tornando-o um futuro apreciador desse gênero musical.

A ópera concentra em si o ideal humanista da *universalidade.* Ela trabalha simultaneamente com os arquétipos, os mitos, os valores éticos e morais da humanidade e os textos literários mais consagrados. Ela atinge mais diretamente o público que a assiste, porque está alicerçada em um texto verbal, nos fatos da vida, no drama, na comédia. Ela perpetua um passado humano em um presente teatralizado, dessa forma uma leitura interdisciplinar dessa produção é mais do que adequada.

No decorrer dos anos, outras atividades artísticas foram incorporadas, entre elas: a biodança, as danças sagradas, a arquitetura, as artes plásticas e o cinema.

Os colóquios são capazes de ampliar a consciência do ouvinte ou leitor da obra de arte, graças às reflexões e leituras diversificadas apresentadas pelos palestrantes. Dessa maneira, a arte passa a ser pensada não como um simples entretenimento, mas como uma forma de representação do mundo. A visão de mundo transmitida nessas apresentações é que dá a Arte um significado importante, pois suas formas simbólicas são capazes de mostrar um mundo que muitas vezes não tem condições de ser verbalizado, ou mesmo prejulgado.

O primeiro trabalho apresentado intitulou-se: *O que é Literatura? O que é Ópera? O que é cinema?* Foi um trabalho introdutório que especificou a intercessão existente entre essas três linguagens artísticas.

O segundo colóquio, intitulado *A Vida e Obra de Maria Callas e a Formação do Educador Contemporâneo – em construção,* foi apresentado mais de 15 vezes, tal a sua aceitabilidade, e objetivou criar uma interface entre a vida e obra de Maria Callas e a educação do homem contemporâneo: Qual o sentido da ópera e desta cantora em nossa formação? Tanto a ópera como Callas são dois quesitos que se *interpenetram*. Falar de ópera sem falar de Maria Callas é uma tarefa impossível. Não obstante, no estudo realizado, a arte presentifica-se como uma ponte lógica entre a vida privada da cantora e o legado educacional/artístico cultural deixado por ela, com o complexo campo da formação do professor e do ser humano em geral.

A terceira palestra intitulada *Carmen na Modernidade* teve como objetivo a revisita da obra de Prosper Merimée e da ópera Carmen, de George Bizet, e a repercussão que o comportamento da heroína causa na audiência. Ambos apresentam aspectos (i) morais, sociais e diabólicos que circundam a heroína, contribuindo para a sua imortalidade e contemporaneidade.

Na quarta apresentação – *La Dame aux Camélias em Novela e Ópera,* quatro linguagens distintas foram apresentadas: a do romance de Dumas Filho, a da peça de teatro do mesmo autor, a da ópera La Traviata de Giuseppe Verdi e a do cinema, por intermédio do filme *Pretty Woman*, que mostra claramente para a audiência o fazer eminentemente interdisciplinar trabalhado pelos pesquisadores do GEPI, onde a ópera é vivenciada sob uma perspectiva inovadora pela personagem feminina do filme.

Após a apresentação do projeto em forma de comunicação no III Congresso Internacional, Transdisciplinaridade, Complexidade e Eco-formação, outros eventos se sucederam. No dia 6 de agosto de 2008, a ópera *Macbeth* de G. Verdi foi apresentada, contemplando leituras diversificadas: a leitura biográfica de W. Shakespeare e de G. Verdi, a leitura musical das árias mais importantes da ópera, a leitura poética, a cinematográfica, a psicológica, a sígnica, a sacralizada e a interdisciplinar. O intuito primeiro foi mostrar ao público presente os malefícios da ambição e do poder sob uma perspectiva sociocultural, psíquica e moral. Um cenário musical obscuro traz para a ópera um grande vazio, uma falta de intimidade, o terror, a violência, as batalhas. Verdi, ao retratar a obra literária de W. Shakespeare, apresenta um casal demente, inescrupuloso, amoral, com um comportamento não distante dos vários líderes políticos da história da humanidade, incluindo os da modernidade. Macbeth é, por excelência, a tragédia da ambição, a grande ópera dos piores sentimentos. Ela transpõe para o palco a atmosfera funesta que se instaura em qualquer sociedade em que os fins justificam os meios e o poder é o protagonista absoluto do desejo.

Posteriormente foram apresentadas duas atividades artísticas: a Biodanza e uma vivência interdisciplinar na educação dos sentidos. Desde a primeira apresentação pode-se presenciar a intermediação que existe entre as artes, a história de vida que está presente no objeto artístico, a cultura de um povo, seus valores éticos, o imagético e a subjetividade humana como propostas de um conhecimento.

A arte identifica um povo e faz com que ele se veja enquanto ser no mundo e se reflita como obra da natureza. Dessa maneira, pensamos que apresentar esse projeto e alguns trechos das apresentações já realizadas em um congresso que trata da transdiciplinaridade é uma maneira de transformar a arte em uma forma sagrada de revelar o mundo.

O projeto *Pensar e Fazer Arte* do **GEPI/PUC-SP** e a formação de repertório

Claudio Picollo
Sonia Regina Albano de Lima

Este capítulo concentra-se em mais um dos objetivos do Projeto *Pensar e Fazer Arte*, aquele que se destina à formação de um Repertório significativo capaz de ampliar o conhecimento artístico do indivíduo. É parte da comunicação apresentada no XVI Congreso Mundial de Ciências de La Educación, Monterrey, Nuevo Leon, México, 2010, Escuela de Ciências de La Educación, Monterrey, México, de 31 de maio a quatro de junho de 2010.

Do latim *repertorium, ii*, traduzido como *inventário* para o português, a palavra *repertório* é definida no Dicionário Aurélio como: *coleção, compilação, conjunto*. Além desse significado, outros se apresentam: *o conjunto de peças teatrais ou de composições musicais pertencen-*

67

tes a um autor, uma escola, uma época etc., ou que se apresentam com forma ou objetivos definidos, e, ainda: *pessoa versada em muitos assuntos*. Este último significado retrata com muita propriedade o que vem a ser um professor interdisciplinar, cujas atitudes o obrigam a uma eterna busca de conhecimentos úteis e significativos. Assim pensado, os palestrantes que se apresentam nos colóquios cumprem essa missão.

A somatória dos inesquecíveis é que constrói o repertório. Os indivíduos, em geral, têm grande dificuldade de acumular no cérebro representações desprovidas de significado. Quanto mais *bits* informacionais valorados educacional/culturalmente o indivíduo tiver armazenado em sua mente, maior possibilidade de inferência e reflexão valoradas ele terá. Embora o conhecimento não se componha apenas de representações significativas, são elas que proporcionam ao indivíduo um aprendizado mais duradouro e prazeroso.

A teoria da aprendizagem significativa de David Ausubel traça com muita propriedade o que vem a ser uma aprendizagem significativa. Pautado em um modelo de ensino construtivista, este psicólogo da educação analisa a maneira como se processa o conhecimento no indivíduo e de que forma se dá essa interação. Apesar de complexo, seu pensamento pode ser incrivelmente resumido na seguinte proposição:

Se tivesse que reduzir toda a psicologia educacional a um só princípio, diria o seguinte: o fator isolado mais importante que influencia a aprendiza-

gem é aquilo que o aprendiz já sabe. Averigue isso e ensine-o de acordo. (AUSUBEL & NOVAK & HANESIAN, 1980, p. viii)

Falar "o que o aluno já sabe" é estar centrado em sua estrutura cognitiva, ou seja, administrar o conhecimento total do aluno e organizar as ideias do indivíduo em determinado campo de conhecimento (Apud MOREIRA, 2006, p. 13).

O artigo de Albino & Lima (2008, p. 115-133) analisa alguns dos conceitos presentes na teoria de Ausubel e nas publicações dos teóricos que estudaram esta teoria, com o intuito de utilizar esses conceitos no ensino musical. Temos então: *a aprendizagem significativa* versus *aprendizagem mecânica; aprendizagem por descoberta* versus *aprendizagem por recepção; conceitos subsunçores; assimilação; e organizadores prévios.*

A *aprendizagem significativa* é um processo pelo qual uma nova informação se relaciona de maneira substantiva, não arbitrária e não literal a um aspecto relevante da estrutura significativa do indivíduo. A nova informação interage com uma estrutura cognitiva presente, que Ausubel denomina *"conceito subsunçor"* ou apenas "subsunçor" (MOREIRA, 2006, p. 15). Subsunçor é, então, uma ideia ou proposição já existente na estrutura cognitiva, adquirida de forma significativa, que serve de ancoradouro a uma nova informação, caso haja interação entre o novo e o existente. Quando o material aprendido não encontra eco na biologia do sujeito, ocorre o que Ausubel chama de *aprendizagem mecânica*, pois ela não interage com os conceitos relevantes existentes na estrutura cognitiva, sendo armazenada de forma arbitrária e literal. A aprendizagem mecânica ocorre quando o aprendiz decora fórmulas, leis, macetes para provas que logo irá esquecer. Caracteriza-se ainda pela incapacidade de utilização e transferência desse conhecimento. Ausubel não estabelece uma distinção entre elas (significativa e mecânica), pensando-as mais como um *continuum* de situações (AUSUBEL, 1978, p. 22-24; MOREIRA, 2006, p. 14-16).

Na *aprendizagem por recepção*, o que deve ser aprendido é apresentado ao aprendiz em sua forma final (aprendizagem verbal, aulas expositivas), e na *aprendizagem por descoberta,* o conteúdo deve ser descoberto pelo aprendiz. Ausubel defende que ambas as aprendizagens podem ser significativas ou não, isso depende das condições já anunciadas, mas a aprendizagem por recepção (verbal) é mais rápida, por ser tecnicamente mais organizada, como ocorre na maior parte da transmissão do conhecimento. A aprendizagem significativa por recepção necessita de uma base, é importante que preexista uma estrutura, presente em estágios avançados de maturidade cognitiva, de forma que se possa aprender verbalmente, sem ter de recorrer à experiência empírico-concreta (AUSUBEL & NOVAK & HANESIAN, 1980, p. 20-1).

O significado é um produto da aprendizagem significativa, que implica por sua vez preexistência de significados, que nos remete à pergunta: de onde vêm os primeiros subsunçores? A resposta de Ausubel é que a aquisição de significados para símbolos ou signos de conceitos ocorre de forma gradual, individual e idiossincrática[3]. Primeiramente, a criança aprende no mais das vezes pelo processo de formação de conceitos gerados pela aprendizagem por descoberta, que consta de: geração, testagem de hipótese e generalização (AUSUBEL & NOVAK & HANESIAN, 1980 p. 52; MOREIRA, 2006, p. 22). Por exemplo, uma criança aprende primeiramente o que é uma banana manipulando-a concretamente, mastigando, engolindo, sentindo seu cheiro, seu sabor, depois aprende a descascá-la, depois aprende que há outros tipos de banana, que é uma fruta, que existem outros tipos de frutas, etc. Mais tarde, já na escola, pode aprender que banana é na verdade uma flor, que tem um nome científico, que nasce sobre determinadas condições, etc.

Ao atingir a idade escolar, a bagagem de conceitos adquiridos cria condições para a assimilação de outros conceitos, inclusive através da aprendizagem por recepção. Dessa forma, novas aprendizagens significativas darão significados adicionais aos signos e símbolos preexistentes, bem como novas relações entre os novos conceitos adquiridos com os preexistentes (AUSUBEL & NOVAK & HANESIAN, 1980, p. 46).

---

[3] O adjetivo *idiossincrático* tem o significado de "relativo ao modo de ser, de sentir próprio de cada pessoa" ou "relativo à disposição particular de um indivíduo para reagir a determinados agentes exteriores" (PINTO, 2007). Ex.: *este medicamento pode ter efeitos secundários idiossincráticos*. O adjetivo pode significar ainda a maneira particular de perceber e reagir à mesma situação, que depende por sua vez do temperamento e constituição de cada ser (HOUAISS, 2001).

O desenvolvimento cognitivo é assim um processo dinâmico, onde novos e velhos significados interagem constantemente, proporcionando uma estrutura cognitiva cada vez mais organizada e sofisticada, em uma estrutura hierárquica encabeçada por conceitos e proposições mais gerais, seguidos de conceitos menos inclusivos até alcançar dados e exemplos mais específicos (MOREIRA, 2006, p. 40).

Para Albino & Lima (2008), os conceitos apresentados têm importância capital, principalmente no campo do ensino musical, pois a aprendizagem por recepção no ensino musical tecnicista e tradicional ainda é muito valorizada, mesmo que os alunos não tenham adquirido esse conhecimento de forma significativa. Na maioria das vezes esse aprendizado é mecânico, e, como esclarece Ausubel, leva ao esquecimento e a incapacidade de utilização e transferência desse conhecimento. Por razões mais do que plausíveis, a aprendizagem por descoberta propiciará ao aluno possibilidades muito mais satisfatórias do que uma aprendizagem por recepção. Albino & Lima admitem que a aprendizagem por descoberta seja capaz de propiciar ao ensino musical uma forma de aprendizado mais significativo, pois estabelece um vínculo muito forte com a memória e a construção do conhecimento pelo sujeito e com o Construtivismo. Nessa forma de aprendizado, o sujeito trabalha com a integralidade do seu corpo e o seu conhecimento interno, interagindo com o meio, fato gerador de novos conhecimentos que vão sendo absorvidos a partir dessa interação. O que é significativo permanece e o que não é significativo é descartado, representando perda de energia.

Partindo dessa proposta de exercício docente, é importante que as instituições escolares estejam devidamente habilitadas para propiciar aos alunos a obtenção de um repertório educativo operacionalizado, seja no campo da música ou no ensino em geral. Quanto mais este repertório for vivenciado de forma significativa, mais conhecimento valorado ele terá. Diante desse fato, entendemos que um bom professor deve estar habilitado o suficiente para estimular a construção de um saber significativo.

Conforme nos ensina Paulo Freire, a forma depositária de transmissão e transferência de valores e conhecimento presente no ensino brasileiro não é a mais adequada. Ele vê a educação como uma forma política de o homem intervir no mundo e transformar a sociedade. Esse modelo de educação integra de forma salutar: experiência, vivência, conhecimento e mundo e dá ao ensino um sentido ontológico. Lima (2009), pautada nos ensinamentos de G. Gusdorf (1995), assim se expressa:

> *Para que ocorra o aprendizado, o aluno deve criar com o saber uma relação de autêntica convivência, de prazer, de entrega, conivência e criatividade. É necessário que o aluno sinta na apreensão do conhecimento o seu sentido de vida, a sua evolução como ser humano e nessa tarefa o professor tem uma participação direta. Quanto mais ele se dedicar a essa tarefa, mais carisma e autoridade*

terá perante a classe e o educando. É o professor que motivará os alunos, para que compreendam o valor do ensino oferecido. A principal tarefa de um educador é conduzir o aluno para descobrir esses valores nas suas experiências e vivências pessoais. O saber não pode ser imposto, ele deve ser criativo e para que isso ocorra é preciso que o aluno participe, conviva com os novos valores, assuma-os em vida, vivencie-os.
(LIMA, 2009, p. 87-8)

Essa intenção pedagógica leva-nos a seguinte problemática: Que atitudes tomar para que o saber se processe de forma significativa? A interdisciplinaridade responde a esse questionamento de forma benéfica. Ela nos leva a um saber significativo graças ao exercício do diálogo, da argumentação, da parceria, da interação contínua entre professor e aluno, e, principalmente, no comprometimento que ela assume perante o conhecimento. São as atitudes interdisciplinares que alteram espontânea e naturalmente o cotidiano da instituição, contaminando-a de forma positiva. O olhar multidirecionado do professor interdisciplinar é que permite a construção de um novo modelo de ensino.

O saber escolar, construído a partir de interações sociais seletíveis, proporciona um acúmulo de conhecimento que funciona apenas como um instrumento para a geração de novos conhecimentos, mas de forma alguma é um saber pronto, concluso. O acúmulo de conhecimento, mais o conhecimento de mundo, provocados por interiorizações e introjeções múltiplas é que formam o Repertório de cada indivíduo.

Sabemos que cada um de nós possui uma faculdade que nos possibilita acessar dados arquivados em nossa memória chamados pela Teoria da Informação de Repertório. É esse repertório que definimos como a soma dos inesquecíveis. Turin assim se expressa:

> *[...] a função da realidade da linguagem está naquilo que chamamos de repertório, dados acumulados do nosso saber. O repertório é o nosso banco de dados, o conjunto de nossos saberes, o conjunto das realizações que nós detemos, ou seja: o conjunto das linguagens que temos a capacidade de operacionalizar. O repertório está a um nível individual. Mas existe o repertório de uma época; há dez anos era uma coisa, há vinte, outra. Então existe o repertório individual e o coletivo. E é o nosso repertório o que detemos enquanto linguagem. Só tem capacidade de eleger com legitimidade uma realidade de linguagem quem tem repertório que possibilite uma elaboração mental adequada[4]. (TURIN, 1992, p. 14)*

---

[4] Entende-se por elaboração mental adequada aquela que trabalha com um indissolúvel estado relacional entre a informação do passado e a do presente. Essa relação é indispensável, porém imprevisível, porque não se identifica *a priori* e, portanto, não pode ser programada. Ela não é uma relação linear, ao contrário, pode até incorporar elementos contraditórios.

Turin admite que o mais alto grau de realidade está contido nas representações. Só aquilo que representamos é real. O que não se representa, não existe.

> *Representar é substituir uma coisa por outra. O real só se realiza na concretude das linguagens. Se interagirmos com essa operação do pensamento, compreenderemos porque o mais alto grau da realidade está contido nas linguagens.* (TURIN, 1992, p. 11)

As linguagens constituem-se de códigos. Cada código faz uso de um conjunto de regras que compõe a especificidade das diversas linguagens. Dessa forma, temos as linguagens artísticas (dança, música, artes plásticas etc.), as linguagens analógicas (as linguagens orientais em geral), as linguagens analíticas (linguagem ocidental) e outros tantos códigos linguísticos. Esses são múltiplos e variáveis e no trânsito entre um e outro é que se concentra a riqueza cognitiva. Portanto, é válida a informação de Turin: "quem tem um domínio muito grande sobre um código pode transitar por outros, por equivalência de regras, de padrões" (TURIN, 1992, p. 11).

Para que possamos transformar a experiência em linguagem, e para que essa linguagem consubstancie-se em um repertório, é preciso dar significado às nossas vivências. Só dessa maneira vamos transformar a linguagem em um repertório significativo. Como afirma Turin, devemos estar prontos para receber o acaso e controlá-lo por um momento, transformando-o em informação: "O acaso deve vir junto com o caso, junto ao acontecimento, junto com o fato, e daí gerar um processo intelectivo" (TURIN, 1992, p. 21).

Temos os saberes armazenados em nossa memória, mas também temos o potencial de selecionar e combinar o imprevisível. Depende exclusivamente da nossa capacidade e dos estímulos recebidos saber transformar esse real em realidade, e organizá-los em linguagens diversificadas.

Essas operações mentais são possíveis graças ao livre trânsito entre um código e outro, entre interpretantes e entre repertórios. Dessa maneira, quanto mais significativas forem as nossas representações, maior o acesso aos vários códigos. Inúmeros pesquisadores têm apontado para o quanto é ineficaz um aprendizado que se produz de forma mecânica, fragmentada. Atualmente espera-se muito mais do ensino. Como nos diz Lima:

> *O professor ao transmitir seus conhecimentos, deve fazê-lo de forma significativa, pois o que está em jogo não é a simples transmissão de saberes, mas a busca pelo desenvolvimento integral da personalidade humana do aluno e o respeito à sua individualidade.* (LIMA, 2009, p. 94)

Transcender esse modelo de ensino exige mudanças comportamentais profundas das instituições de ensino, dos sistemas educativos e dos próprios docentes. Para que se atinjam esses propósitos, a Interdisciplinaridade parece-nos de grande valia. O professor interdisciplinar, ao ser contagiado por esta atitude, é conduzido ao exercício contínuo do questionamento e da dúvida que precisa ser solucionada.

Com o referencial teórico apresentado, podemos concluir que o Projeto *Pensar e Fazer Arte* é capaz de formar um repertório artístico significativo para o público presente, contribuindo para um ensino musical extracurricular de importância. Além de ser um projeto interdisciplinar que permite trabalhar categorias importantes como o diálogo, a parceria, a integração de linguagens, a leitura multidisciplinar da obra ou contexto artístico, observa-se que os colóquios são capazes de ativar subsunçores já existentes na estrutura cognitiva dos participantes que servem de ancoradouros para novas informações. A fundamentação teórica centrada na Teoria da Aprendizagem significativa de David Ausubel e nos esclarecimentos de Roti Nielba Turin foram esclarecedores, no sentido de transformar as experiências vivenciadas em linguagem e fazer com que elas se consubstanciem em um repertório. Este referencial teórico não só propicia meios de a academia compor um repertório significativo para a produção de novos conhecimentos artísticos, como também faz da educação extracurricular uma ação importante na sociedade contemporânea.

A IMPORTÂNCIA DO ENSINO ARTÍSTICO PARA O DESENVOLVIMENTO HUMANO NA PERSPECTIVA DE H. GARDNER

Alexandre Trajano[5]
Sonia Regina Albano de Lima

Este capítulo tem o intuito de verificar qual a dimensão e importância que H. Gardner atribui ao ensino artístico e como a Arte se processa na mente do indivíduo que com ela convive. Duas publicações do autor foram especialmente referendadas: *Educación Artística y Desarrollo*

---

[5] Alexandre Trajano é mestre em Música na área de Educação Musical (UNESP-SP) com a dissertação "O sentido do ensino das artes na Perspectiva de H. Gardner", orientada pela Prof. Dr. Sonia R. Albano de Lima, no IA-UNESP. Especialista em educação (FMU). Bacharel em Guitarra (FAAM/FMU). Trabalha com o desenvolvimento do conhecimento técnico e prático de *softwares* de edição musical e pré-produção. Em paralelo a sua atividade de professor de música, atua como instrumentista e arranjador.

Humano (1994) e *As artes e o Desenvolvimento Humano* (1997). Nelas Gardner investiga a mente dos estudantes de arte e dos artistas e os procedimentos cognitivos utilizados para sua elaboração. Com base em experiências realizadas nos projetos em que participa, ele busca criar referenciais para o desenvolvimento de uma psicologia das artes, desenvolvendo habilidades cognitivas diferentes das relacionadas ao pensamento lógico-matemático.

O texto é parte de uma pesquisa de mestrado desenvolvida em 2008, no Programa de Pós-Graduação em Música da UNESP, pelo musicista Alexandre Trajano, sob a orientação da Profa. Dra. Sonia Albano de Lima, intitulada *O sentido do ensino das artes na perspectiva de H. Gardner.*

Foi no Projeto Zero, na Universidade de Harvard, que este pesquisador e seus colaboradores consideraram a educação artística um campo especialmente propício para o desenvolvimento de habilidades cognitivas diferentes das relacionadas ao pensamento lógico-matemático. As pesquisas ali produzidas tiveram o objetivo de compreender e verificar os ganhos cognitivos oriundos de um aprendizado artístico. Os pesquisadores ligados ao projeto partiram do pressuposto de que as artes, assim como as demais linguagens presentes no universo, são constituídas de sistemas simbólicos que o indivíduo utiliza para se comunicar e se relacionar com o mundo; dar significado às suas vidas privadas e sociais, bem como correlacionar a consciência subjetiva com os objetos materiais (GARDNER, 1997, p. 40). Este artigo não tem como proposta avaliar o Projeto Zero, mas verificar qual a dimensão e a importância que H. Gardner atribuiu ao ensino artístico.

H. Gardner entende que a dificuldade para se compreender a natureza de uma atividade artística está no fato de que os sistemas simbólicos artísticos necessariamente passam por um crivo subjetivo e afetivo. Para ele, o estudo de desenvolvimento das artes apresenta dois grandes entraves: a falta de integração entre as abordagens "afetivas" e "cognitivas" e a não existência de uma psicologia das artes – fatores primordiais para o desenvolvimento humano.

Os indivíduos partilham das obras de arte sob circunstâncias bastante diferenciadas: como artista ou criador; como membro de audiência; como crítico; ou como intérprete.

O *artista* ou *criador* é o indivíduo que possui habilidade suficiente para se comunicar por meio de um sistema simbólico determinado. Embora muitas pessoas possam ter vivido a mesma experiência que o artista deseja expressar, apenas ele será capaz de gerar um produto artístico que comunique tal experiência ao mundo, tendo em vista o seu domínio naquele meio simbólico.

O *membro de audiência* é o indivíduo que lê uma obra de arte de acordo com sua sensibilidade. Ele aprecia o trabalho criado por outro indivíduo e mantém uma comunicação com esse objeto que não precisa ser expressa em palavras.

O *crítico*, diferentemente do membro de audiência, ao ler a obra de arte atribuiu um juízo de valor ao objeto artístico, avaliando a sua originalidade, o poder de comunicação e a importância dela e do seu criador para a sociedade por meio de um discurso verbal. Nessa tarefa, ele é capaz de abordar fatos e situações que passariam despercebidos aos apreciadores da obra.

O *intérprete* é aquele que transmite para uma audiência ou leitor da obra de arte o trabalho de um criador. Nessa tarefa ele interage com o leitor da obra, conhece as múltiplas maneiras de executar aquela obra de arte, sem perder a sua essência. Gardner assim se expressa com relação aos quatro participantes:

> *A descrição dos quatro participantes do círculo estético é uma ficção conveniente, é claro. Na realidade, os papéis frequentemente se unem ou se combinam, e algumas formas de arte destacam ou eliminam um ou mais papéis [...] Meu propósito ao descrever um círculo estético, então, não é o de caracterizar precisamente qualquer forma ou área artística específica. Pelo contrário, eu quero sugerir funções e habilidades psicológicas separáveis, que se desenvolvem de maneiras distintas e estão distribuídas em proporções diferentes em toda a população. E quero enfatizar a interdependência dos vários participantes envolvidos na comunicação dos símbolos artísticos.* (GARDNER, 1997, p. 52-3)

Diferentemente das ciências, a produção artística se apresenta em um meio sensório, dessa forma, o artista tenta colocar os instrumentos de seu meio em contato direto com tudo o que é sentido, experienciado, imaginado. Para participar inteiramente do processo artístico, a pessoa precisa ser capaz de corporificar em um objeto estético um conhecimento ou entendimento significativo da própria vida.

Aqui está a importância de um aprendizado artístico para o desenvolvimento humano. Um desenvolvimento artístico adequado pode fazer aflorar no indivíduo inúmeros estágios psíquicos e cognitivos ideais para o seu aprimoramento.

Segundo ele, três são os sistemas do organismo humano que permitem o desenvolvimento artístico: o *fazer*, o *perceber* e o *sentir*. Esses sistemas têm uma existência independente e são encontrados em todo ser vivo. O sistema do *fazer* responde pelos atos e ações humanos, o sistema do *perceber*, pelas discriminações ou distinções, e o sistema do *sentir* é responsável pelos afetos, sendo que as unidades básicas desses sistemas podem ser chamadas de padrões ou esquemas comportamentais.

O desenvolvimento humano pode ser visto como um processo em que os três sistemas inicialmente separados começam gradualmente a se influenciar, de tal forma que a interação ao longo dos tempos se torna inevitável. Essa estrutura pareceu a Gardner importante, uma vez que a dotação biológica do indivíduo é constantemente afetada por experiências transmitidas pelo meio ambiente, pela aprendizagem, treinamento e meio cultural.

O **sistema que faz** se refere aos esquemas em que o organismo é capaz de executar e que são manifestos ou potencialmente manifestos e, portanto, sujeitos à verificação. Tem como característica combinar atos isolados – depois que eles são aperfeiçoados e dominados – em sequências mais complexas. Gardner ilustra tal processo por meio de dois exemplos. O primeiro refere-se ao ato da criança que aprende a beber em uma xícara. Nesse caso, a criança combina atos separados anteriormente: agarrar a xícara, virar a cabeça, acompanhar com os olhos, manter o equilíbrio, dentre outros detalhes. Depois que beber na xícara se tornou um ato dominado e fácil, esse será incluído em uma sequência maior, como tomar uma refeição, tornando-se então parte de uma estrutura hierarquizada. O segundo refere-se ao caminhar, que é resultado de: arrastar-se, engatinhar, ficar em pé, acompanhados de maturação neurológica e muscular geral. Para H. Gardner, comportamentos humanos complexos, como escrever ou tocar um instrumento, podem ser considerados como a integração habilidosa de muitos módulos individuais, desenvolvidos previamente de forma isolada. Portanto, o sistema executor consiste em atos, elementos ou esquemas comportamentais que tendem a se combinar em habilidades mais elaboradas e hierarquicamente ordenadas.

O sistema executor originalmente parece estar isolado, mas passa a interagir cada vez mais com outras competências do organismo. Gardner, embasado em afirmativas de outros pesquisadores, esclarece que um comportamento dirigido para um objetivo atravessa quatro estágios separados:

- Inicialmente, a sequência consiste em atos desconectados e desorganizados, frequentemente interrompidos e exigindo novos inícios;
- O comportamento permanece mal-articulado e mal-integrado, mas é executado como uma ação única e sem pausas;
- A sequência tende a assumir uma forma integral, porém continua parcialmente dependente da motivação;
- A sequência fica totalmente diferenciada em partes, porém integrada. As ações tornam-se flexíveis, com menos necessidade de atenção e podem ser reorganizadas, separadas e recombinadas de maneira criativa.

O **sistema percebedor**, diferentemente, pode ser considerado como destituído de ações, ou então, como um exercício de apenas uma ação: *perceber ou fazer discriminações do mundo externo*. Assim, ele se refere aos aspectos do meio pelo qual o organismo é sensível, apoiando-se na experiência fenomenal ou do sujeito do organismo. Enquanto o sistema executor envolve os membros e os músculos do corpo, combinados de várias maneiras, e a gradual internalização dessas ações em operações mentais, o *sistema que percebe* envolve apenas os órgãos dos sentidos e as diferenciações que eles gradualmente são capazes de fazer.

Gardner justifica a necessidade de divisão entre o sistema executor e o percebedor por dois motivos: a dissociação inicial entre os atos físicos e as discriminações sensoriais das quais o organismo é capaz e as ênfases respectivas colocadas nesses dois sistemas psicológicos, pelos quatro estados finais propostos anteriormente – o artista, o membro da audiência, o crítico ou o percebedor.

A divisão não é ditada pela lógica, uma vez que todas as percepções poderiam ser consideradas formas de fazer, mas ela é necessária para um quadro abrangente das habilidades e capacidades específicas envolvidas no processo artístico.

No sistema percebedor são propostos três tipos de percepção: a de *orientação* (ou *tropística*), a *preferencial* e a *Gestalt*. A percepção de orientação, considerada por Gardner a mais primitiva, refere-se aos estímulos específicos durante o período pré-natal, considerando que algum deles possui um valor de sobrevivência para o organismo.

A percepção preferencial remete-nos a uma hierarquia de interesses. Assim, um organismo verá uma determinada propriedade em um estímulo, em detrimento de outras. A hierarquia dessa percepção é flexível e pode ser alterada por treinamento, desde que os limites naturais sejam respeitados e a hierarquia não esteja ligada à sobrevivência. Provavelmente, em momentos de estresse, a percepção orientadora é dominante, ao passo que a percepção preferencial toma a frente quando as necessidades estão satisfeitas, ou seja; as percepções tropística e preferencial são modos dominantes entre muitos organismos, com a percepção preferencial tornando-se cada vez mais disseminada na atividade cotidiana, e a percepção tropística permanecendo como uma camada básica que pode ser acionada a qualquer momento e que é relacionada à satisfação de necessidades básicas.

Referendando a definição de Konrad Lorenz, Gardner afirma que a percepção de *gestalt* é a capacidade de discernir e reconhecer identidades entre padrões ou objetos, mesmo quando estes surgem em contextos ou aparências diferentes. A percepção de *gestalt* só é possível se os órgãos sensórios estão recebendo dados determinados espacial ou temporalmente. É inútil, segundo ele, procurar fenômenos de *Gestalt* na esfera dos sentidos olfativo ou degustativo, uma vez que o mecanismo da *gestalt* está preparado para selecionar constâncias no meio ambiente, mas não possui uma predisposição para certas formas de informação específica, que são característica das percepções preferencial e tropística.

Para Gardner, a percepção de *gestalt* é particularmente valiosa quando lidamos com sistemas simbólicos presentes nas artes, cujos elementos não podem ser prontamente especificados, mas que apresentam configurações coerentes, tais como estilos identificáveis. O organismo pode continuar a aplicar percepções de *gestalt* dentro de qualquer domínio, fazendo assim distinções e classificações cada vez mais refinadas. Dessa forma, temos que a capacidade de formar categorias complexas, de reconhecer indivíduos ou de discernir estilos artísticos é um reflexo da percepção gestáltica.

Se o princípio que governa o sistema de execução é a combinação de atos em habilidades supraordenadas, o princípio que governa o sistema percebedor consiste em fazer discriminações cada vez mais finas entre as diversas classes de objetos. Gardner considera que talvez, ao alcançar essas discriminações finas, o sistema percebedor passe a empregar alguns dos mesmos tipos de sequências habilidosas, combinações de módulos e hierarquização de rotinas de sistema executor. Se assim fosse, o sistema percebedor incluiria, como componente, mecanismos corporificando princípios do sistema executor.

Gardner, apoiado em K. Lorenz, considera o cientista criativo como um indivíduo com uma percepção de *gestalt* aumentada, capaz de discernir novos padrões onde outros observaram apenas fatos discrepantes. No ser humano, a percepção de *gestalt* continuará a fazer discriminações mais finas e novas classificações por toda a vida do organismo.

Gardner propõe ainda dois aspectos do *sistema que percebe*. O primeiro relativo à capacidade de olhar além da figura ou *gestalt* dominante. O observador presta atenção aos detalhes delicados ou à microestrutura que atravessa a figura e o fundo, caracterizando tanto a *gestalt* quanto seu contexto circundante – crucial na percepção de objetos artísticos. O segundo é a capacidade de tratar de maneira equivalente símbolos diferentes pertencentes à mesma classe, tais como partitura escrita e impressa, ou letra escrita e impressa, maiúsculas ou minúsculas.

As percepções, segundo Gardner, são autocêntricas ou alocêntricas. A percepção autocêntrica acontece ao redor ou perto do órgão específico dos sentidos em que ocorre a percepção sensorial, enquanto a percepção alocêntrica permite a percepção dos objetos a distância e logo os contempla sem necessidade de um envolvimento físico direto.

A percepção autocêntrica existe para assegurar a comunicação de mensagens incorporadas a mecanismos instintuais e se refere a qualidades; a percepção alocêntrica enfatiza o reconhecimento, permite a percepção a distância e se relaciona primariamente a objetos. (GARDNER, 1997, p. 90)

Gardner afirma que o poderoso apelo dos objetos de arte decorre do fato de que, mais que outros tipos de estimulação, eles estimulam a gama completa de inclinações perceptuais:

O indivíduo contemplando uma aquarela mexicana colorida pode, inicialmente, prestar atenção, porque sua percepção tropista foi estimulada por sua luminosidade e contraste. O uso agradável da cor e das linhas ativará sua percepção preferencial; as formas e configurações familiares atrairão a percepção gestáltica e as nuanças sutis que atravessam a gestalt e o fundo e dão ao trabalho uma textura característica serão discernidas pelas percepções gestálticas livres. Finalmente os aspectos simbólicos das pinturas, os elementos religiosos ou sociais aos quais está sendo feita referência, as propriedades dinâmicas expressas ou exemplificadas pelo trabalho serão discernidos pela percepção simbólica do indivíduo. Naturalmente, o interesse pelo trabalho de arte e sua avaliação final dependerão da qualidade e das qualidades específicas do trabalho; mas sua capacidade de despertar toda a gama de sistemas perceptuais humanos contribuirá crucialmente para o seu impacto como um objeto estético. (GARDNER, 1997, p. 91)

Já no **sistema que sente** Gardner aponta primeiramente a dificuldade de se falar do sentimento quando comparado aos outros sistemas. Há uma farta bibliografia tratando do *sistema que faz* e do *sistema que percebe*, mas muito pouco foi pesquisado na esfera do sentimento. Entretanto, para Gardner, essa discussão é de suma importância, uma vez que qualquer discurso sobre as artes que não leva em conta os sentimentos dos indivíduos corre o risco de apresentar muito mal os fenômenos a respeito das artes e do desenvolvimento humano.

Gardner utiliza os termos afeto, sentimento ou emoção para se referir a qualquer experiência subjetiva, geral ou específica, sentida por um indivíduo. Para ele, os indivíduos são profundamente afetados pelos trabalhos artísticos. Experienciando sentimentos durante a vida perceptual e produtiva, essas experiências influem sobre os atos e discriminações estéticas.

Quando se refere à relevância da vida de sentimento ele se remete àquilo que é experienciado fenomenalmente por uma pessoa e sobre o que ela pode falar ou revelar para os outros por meio dos seus comportamentos ou ações. Ele afirma que nem sempre podemos afirmar quando uma pessoa experiencia sentimentos, ou mudanças de sentimentos, uma vez que estas não precisam ser transmitidas em ações ou testemunhos diretos, entretanto, considera improvável a não correlação entre as experiências subjetivas de uma pessoa e sinais mais públicos desses sentimentos.

É quando a criança começa a falar do seu mundo, usando termos próprios da idade referentes à aprovação ou desprazer que temos indícios sobre suas emoções ou sentimentos. Antes disso, podemos apenas fazer inferências a partir das expressões da criança e outros índices comportamentais indiretos. Portanto, somente após a fala temos indicações mais sólidas de que a criança está realmente vivenciando afetos, que ela está consciente desses afetos e tenta comunicá-los. A partir dessa perspectiva, ou seja, supondo que existam índices psicológicos para a vida de sentimento de um indivíduo, é possível tirar certas conclusões referentes ao desenvolvimento nos seres humanos. A grande questão, para o autor, reside no fato de encontrar uma linguagem de sentimentos que faça menos suposições sobre o conhecimento do organismo, ao mesmo tempo em que essa linguagem deva explicar as experiências dos indivíduos mais velhos, que mereçam descrição em termos de estados emocionais complexos.

Gardner, assim como outros pesquisadores, afirma que o sistema de sentimentos é caracterizado inicialmente por uma sucessão de estados de excitação programados, acompanhados por afetos sentidos pelo bebê. Assim evidenciar-se-ia um sistema de sentimento autônomo, uma vez que esses sentimentos se seguem um ao outro, independente da percepção de aspectos ambientais. Esses sentimentos serão concomitantes a situações específicas (choro ou bater de mãos) que são determinadas por uma sucessão de estados sobre os quais a criança não necessariamente tem controle. É quando a criança começa a formar *gestalts* e a ter certos sentimentos associados a essas *gestalts,* dominando certas sequências motoras e podendo utilizá-las em situações meio-fins, que o sistema que sente passa a interagir significativamente com os outros sistemas.

> *[quando] essa criança passa a associar sentimentos com certas situações e a alterar seus atos e discriminações baseada nessas associações, ou quando os sentimentos antecipam ou seguem a tais perceptos e atos, o sistema de sentimento está começando a se integrar aos outros sistemas desenvolventes.* (GARDNER, 1997, p. 95)

Para Gardner, é a crescente integração do sistema de sentimento com os outros dois sistemas e seu funcionamento em conjunção com o processamento simbólico que faz com que o sistema de sentimento passe a desempenhar um papel essencial na produção e percepção artística. Ele justifica tal postulação ao constatar que o artista frequentemente busca em seu próprio trabalho capturar um sentimento ou uma série de sentimentos que experienciou e depende muito de sua reação subjetiva para determinar a efetividade com que o sentimento foi capturado e comunicado. Também o executor busca corporificar sentimentos específicos em suas atividades e mede o sucesso pela extensão em que a vida de sentimento da audiência é afetada. Não diferente do membro da audiência, pois somente se seus sentimentos são afetados de maneira significativa, seu relacionamento com o trabalho artístico pode ser efetivado.

> *Em resumo, o desenvolvimento da vida de sentimento nos anos posteriores ao período de bebê, quando a criança se torna capaz de experienciar emoções mais complexas e discernir nuanças da vida de sentimento dos outros, é crucial para a participação no processo artístico.* (GARDNER, 1997, p. 97)

De forma inteiramente sistêmica, Gardner admite que o **desenvolvimento humano** possa ser visto como um processo em que os três sistemas (**fazer, perceber e sentir),** que inicialmente se encontravam separados, passam gradualmente a se influenciar com a interação, tornando-se dominante a ponto de que os sistemas trabalhem em conjunto.

> *No curso do desenvolvimento psicológico, a independência inicial desses comportamentos dá lugar a conexões e interações gradativas entre eles, na medida em que a criança sofre maturação neurológica e muscular, assimila novas experiências e estrutura o relacionamento entre essas experiências. Dentro de cada um dos sistemas existe uma diferenciação contínua, e entre os sistemas há uma crescente interação e integração.* (GARDNER, 1997, p. 62)

Gardner admite que mesmo com essa interação, ainda é possível uma proeminência de um dos sistemas, uma vez que lhe parece que os indivíduos se envolvem em ocupações ou atividades que destacam ou aproveitam mais proeminentemente um ou outro sistema. A utilização desses três sistemas encontra amparo em depoimentos de artistas e estetas; parecem compatíveis com as regiões neurotômicas; a evolução e interação deles parecem orientadas por certos princípios; mostram-se úteis para descrever o desenvolvimento para uma variedade de estados finais artísticos e para explicar o domínio de habilidades durante os anos formativos.

Gardner destaca três tipos de interação presentes na infância e, mais tarde, nas artes: *resolução de problemas, imitação* e *comunicação*. Para o autor, parte da atividade artística reside na colocação de certos problemas e na busca de soluções adequadas, entendendo-se o comportamento de colocação e resolução de problemas como a definição de uma tarefa, como uma realização não imediatamente solucionável, como o reconhecimento de fatores relevantes para uma solução e depois a execução de uma solução em algum tipo de meio. Nessa suposta resolução de problemas é explorada principalmente a percepção de *gestalt* anteriormente citada.

A imitação é outro aspecto importante nas artes, uma vez que os indivíduos tipicamente aprendem a dominar uma forma de arte, ao menos em parte, observando e copiando os outros indivíduos.

A comunicação, naturalmente, faz parte do processo artístico, uma vez que um indivíduo tenta transmitir uma mensagem por meio da linguagem, a outro modo que seja capaz de decifrar os símbolos propostos.

Gardner defende que, mesmo nos primeiros anos de vida, as capacidades de resolver problemas, de imitar os outros e de comunicar mensagens de certa complexidade já evoluíram, revelando claramente uma habilidade nascente de usar elementos de uma maneira simbólica, de integrar seus sentimentos, comportamentos e percepções dos níveis simbólicos, sendo essa a característica marcante da atividade artística:

> *O artista emprega os mesmos sistemas desenvolventes de uma criança pequena, mas com uma diferença crucial: suas ações, percepções e sentimentos são dirigidos para o símbolo, elementos que foram imbuídos de significado referencial, que representam seus sentimentos, experiências, ideias, conhecimento, objeto e desejos, que exemplificam qualidades e propriedades importantes para ele. Essa capacidade confere um grande poder à sua atividade, porque o organismo deixa de estar restrito aos elementos que estão imediatamente presentes, ou a ações e sentimentos ligados ao aqui e agora; em vez disso, cada experiência que ele tem, ou gostaria de ter, entre em sua esfera de possibilidade comunicativa. Somente o usuário de símbolos pode deixar o mundo de sua experiência direta e criar novos mundos em sua imaginação ou descobrir esses mundos "lendo" os símbolos dos outros.* (GARDNER, 1997, p. 106)

Para este autor não parece ter importância especial o desenvolvimento do criador, intérprete ou membro de audiência. O que realmente deve ocorrer para se acionar o desenvolvimento artístico é a evolução e integração dos três sistemas durante o período sensório-motor seguido do emprego desses sistemas integrados no decorrer do desenvolvimento. Para ele, as operações *sensório-motor, pré-operatório, operacional concreto e operacional formal* descritas por Piaget não parecem essenciais para o domínio ou entendimento da linguagem humana, música ou artes plásticas. A experiência do organismo com esses três sistemas simbólicos envolve um "fazer", "perceber" e "sentir" cada vez mais complexo. O ritmo em que uma criança se torna capaz de manipular tons, palavras ou linhas varia muitíssimo, mas as operações lógicas desempenham um papel muito pequeno ou nulo nessas atividades, não havendo necessidade do artista, intérprete ou membro de audiência dominar as operações lógicas, ou mesmo passar pelos estágios cognitivos com os quais Piaget se preocupa.

Já o trabalho do crítico parece envolver as faculdades apresentadas por Piaget, uma vez que é no papel de crítico que o processo artístico se funde com a mesma análise do processo científico, no entanto, o papel do crítico não é preocupação nos estudos de Gardner. O seu foco de análise do desenvolvimento humano está contido em duas fases principais: a evolução dos três sistemas enquanto bebê e sua integração e reintegração com os sistemas simbólicos nos anos posteriores.

A resolução de problemas no âmbito artístico é de origem qualitativa. O artista inicia seu trabalho de forma simples e lentamente revela uma ideia emergente, depois que surge a ideia principal, ele gradualmente vai obtendo controle sobre o objeto artístico e solucionando problemas de técnica qualitativamente:

> *Surgem problemas durante o processo de criação e, conforme um é resolvido, tendem a surgir outros relacionados. [...] O processo de resolução de problema ocorre naturalmente dentro do meio – a verbalização do problema e das possíveis soluções é supérflua. O fazer e perceber do artista estão dirigidos para a realização de qualidades do tipo modal-vetorial. O artista arranja planos, texturas, linhas, cores e ritmos a fim de obter uma ordem ou qualidade desejada. A tarefa do artista, então, é julgar ou escolher realizações alternativas de qualidades. Não há necessidade de estar consciente das alternativas [...] A comunicação efetiva destas qualidades em resultado de sua habilidade na resolução estética de problemas constitui o trabalho do artista.* (Ibid, p. 278-9)

O progresso do artista depende da sua capacidade de julgar o que fez, de perceber suas falhas, de fazer revisões adequadas e, acima de tudo, de reconhecer quando o trabalho está concluído. Dessa maneira, os procedimentos do artista podem ser convenientemente considerados como uma espécie de resolução de problemas. A partir de uma variedade de execuções, ele descobre a maneira mais apropriada de apresentar os modos, vetores, qualidades ou *insights* que deseja corporificar em um objeto estético. O desenvolvimento artístico consiste, em grande parte, da crescente capacidade do indivíduo de comunicar aos outros, em um meio simbólico compartilhado, os aspectos generalizados da experiência que foram salientes em sua vida (Ibid, p. 280).

Gardner admite que mais importante do que saber como se constitui a criatividade nas artes é estudar como alguns trabalhos artísticos foram criados. Esse sistema de investigação tem sido bastante utilizado pela Crítica Genética. Inúmeros trabalhos artísticos foram analisados na sua forma de composição por esse sistema de investigação, entre eles, as pinturas de Picasso.

Para Gardner, o desenvolvimento artístico se concretiza na educação dos sistemas de fazer, perceber e sentir. A partir desse desenvolvimento, o indivíduo torna-se capaz de participar do processo artístico, de manipular, compreender e se relacionar com os meios simbólicos de maneiras especificáveis, daí a importância de uma instrução dirigida para que esses sistemas sejam desenvolvidos e melhor integrados. Só o treinamento dessas habilidades permitirá a comunicação efetiva das mensagens estéticas (Ibid, p. 286). Este aprendizado pode ser direto e indireto. No direto, o aluno aprende fazendo, no indireto, o instrutor produz situações determinadas que corporificam o afeto ou a imagem almejada. Gardner vê com grande tristeza a falta de publicação de métodos de ensino afetivo nas artes, pois eles poderiam se configurar como um grande potencial para o desenvolvimento artístico do indivíduo. Gardner parte do pressuposto que educação do sistema de sentimento depende em grande medida da crescente capacidade do indivíduo em perceber significados na variedade de níveis em que um trabalho de arte prossegue:

> *Alguém capaz de apreciar aspectos refinados do código, variações de forma, alusões a assuntos recônditos deve experienciar maior variedade de sentimentos do que a pessoa para a qual o significado do trabalho é unívoco. A profundidade do afeto "sentido" talvez não seja diferente, mas a extensão será; dessa maneira, o sistema de sentimento resulta do sistema de discriminação.* (Ibid, p. 293)

A incorporação dos próprios sentimentos em trabalhos de arte significativos não é de forma alguma uma questão fácil. Só a habilidade não é suficiente: a ausência de sentimentos fortes e de experiências sugestivas irá impedir o espírito criativo, mas o oferecimento de estímulos certos pode evocar a criatividade. Gardner tem consciência de que seus argumentos não se constituem em diretrizes infalíveis para a produção de gênios artísticos, mas reconhece a sua importância para o trabalho dos instrutores ou professores de arte. Estes precisam se familiarizar com a natureza e o desenvolvimento dos principais sistemas psicológicos e devem planejar tarefas que não limitam a ação dos participantes. Encontrar maneiras de encorajar a intercessão produtiva dos sistemas é tarefa crucial para os educadores de arte:

O planejamento de problemas pode ter um papel importante na educação artística, mas os problemas mais valiosos são aqueles que abrem possibilidades ao aluno e iniciam uma variedade de habilidades e qualidades modal-vetoriais e não aqueles que têm apenas um método de solução prescrito. Em geral, a experiência mais crítica para o participante do processo artístico parece ser todo tipo de experiências intensivas em um meio simbólico – este procedimento parece levar ao crescimento, desenvolvimento e integração naturais dos sistemas de perceber, sentir e fazer. Esta conclusão decorre da nossa visão das artes como um caminho desenvolvimental natural para o homem. Nós também sugerimos que uma intervenção pedagógica adequada nos momentos apropriados, a formulação de perguntas estimulantes e a exigência de que os alunos percebam certos tipos de qualidades podem ser úteis, orientando o curso do desenvolvimento estético. (Ibid, p. 294)

De forma concisa, podemos admitir que o desenvolvimento artístico para Gardner comporta os seguintes referenciais:

- As artes podem ser consideradas como um processo de resolução de problemas em que a execução é enfatizada;
- O desenvolvimento artístico envolve o domínio de um meio simbólico;

- A educação estética envolve a orientação dos três sistemas desenvolventes até o domínio abrangente dos meios simbólicos (fazer, perceber e sentir);
- A resolução artística de problemas requer a capacidade de capturar vários modos, afetos e *insights* subjetivos dentro de um meio simbólico;
- O treinamento direto desta habilidade é perigoso, mas um bom professor pode planejar situações que utilizarão produtivamente os vários sistemas da criança;
- Quando a capacidade de *fazer, sentir e perceber* de um indivíduo amadureceu, e seu domínio de um meio simbólico foi demonstrado, ele é capaz de participar inteiramente do processo artístico.

Assim exposto, comprova-se que os critérios de desenvolvimento artístico trabalhados por Gardner não se constituem em regras inflexíveis, mas em referenciais que podem auxiliar o instrutor ou professor de artes.

No livro *Educación artística y desarrollo humano,* H. Gardner deixa claro o destino que ele projeta para o ensino artístico. Ele reconhece que o desenvolvimento das artes não ocorre em regimes educativos com matrizes curriculares inflexíveis. Em suas pesquisas ficou comprovado que os estudantes aprendiam artes de maneira mais eficaz quando se viam comprometidos em projetos ricos e significativos; quando o aprendizado artístico estava ancorado em produções artísticas; quando existia um intercâmbio fácil entre as diversas formas de conhecimento, incluindo as formas intuitivas, artesanais, simbólicas e notacionais, e quando os estudantes gozavam de uma folgada oportunidade para refletir sobre seu progresso. Isso não acontece quando o ensino artístico adota uma programação curricular engessada.

As inclinações e propensões artísticas dos indivíduos quando encontram ambientes escolares propícios e ambientes sociais adequados têm maior possibilidade de desenvolvimento, daí a importância de se difundir políticas de ensino ou projetos pedagógicos que contemplem o estudo das artes. Para isso é importante modular os valores da cultura, os meios disponíveis para a educação nas artes e os meios de avaliação, e os particulares perfis individuais e de desenvolvimento dos estudantes que serão educados. Para Gardner, é muito salutar a existência de estudiosos interessados em pesquisar o quanto os indivíduos são capazes de utilizar os símbolos que extrapolam a lógica e a linguagem verbal, para obter melhor desenvolvimento humano.

O relato aqui proferido faz-nos concluir o quanto valorizou o ensino artístico. Em suas pesquisas ele estudou a maneira como o processo artístico se desenvolve nas vidas de seus participantes, principalmente na infância, tendo em vista que é nessa fase que o artista desenvolve grande parte de seu potencial artístico. O estudo dos diversos sistemas de símbolos também tem grande importância nesse processo, pois a partir dele é que o indivíduo adquire maior habilidade para a sua especificidade:

Pero en la medida en que el mismo sistema de símbolos se utiliza de un modo expresivo, o metafórico, para transmitir una gama de significados sutiles, para evocar un determinado estado emocional o para llamar la atención hacia uno mismo, parece apropiado afirmar que el "mismo" sistema de símbolos se está usando con finalidades estéticas. (GARDNER, 1994, p. 30)

Para Gardner, a história da investigação na área de artes descreve uma busca de referenciais que podem captar o que resulta distinto na prática artística. Dessa maneira, podemos concluir que a sua preocupação com o desenvolvimento artístico tem um caráter muito mais cognitivo do que uma aplicação pedagógica. Suas preocupações em torno dos processos artísticos são de ordem a investigar a mente dos estudantes de arte e dos artistas; investigar os procedimentos cognitivos que são utilizados para elaborar a arte e, não tanto, instituir metodologias de ensino/aprendizagem fechadas e formalizadas. Essas pesquisas, entretanto, não têm sido reconhecidas como relevantes para o ensino artístico, pois os pedagogos têm se preocupado muito mais em utilizar a Teoria das inteligências múltiplas de Gardner sob uma perspectiva praxiológica e não epistêmica, ou seja, verificar qual inteligência é dominante no indivíduo e trabalhar para conquistar o desenvolvimento das outras inteligências. Eles também utilizam o ensino artístico como ferramenta auxiliar no aprendizado de outras áreas de conhecimento e não como uma proposta de trabalho capaz de auxiliar o desenvolvimento intelectual do indivíduo.

O Projeto Zero conduzido por Gardner e outros pesquisadores coloca em xeque a ideia cristalizada de que os sistemas simbólicos *lógico-matemático e linguístico* se constituem no eixo principal de qualquer outro sistema de comunicação. Esse paradigma epistemológico é discutido no projeto, quando seus participantes se perguntam quais as funções da simbolização para a origem e desenvolvimento de certas capacidades e qual o papel da educação para o seu desenvolvimento. Os pesquisadores desse projeto consideram a educação artística como um âmbito especialmente propício para o desenvolvimento de outras habilidades cognitivas diferentes da lógico-matemática e da linguística e muito necessária para o desenvolvimento humano, pois atua diretamente no imaginário e nas emoções dos indivíduos. Dessa maneira, o que se consuma como mais notório no desenvolvimento do Projeto Zero é que com ele se desfaz a velha ideia de que a inteligência é um meio que se adquire por herança genética e que, em função de seu uso, os indivíduos avançam mais ou menos, com maior ou menor acerto pelo território dos diferentes estágios e desenvolvimento cognitivos até adquirirem a maturidade ideal.

Nas leituras efetuadas, constatamos a preocupação de H. Gardner em compreender a forma como as crianças e os jovens lidam com os símbolos artísticos e que poderes comunicativos eles provocam no ser humano, uma vez que os processos artísticos colocam-no em contato com suas emoções, propiciam padrões de criatividade mais intensos, motivando a apreensão cognitiva sem recorrer exclusivamente aos princípios lógico-matemáticos ou linguísticos. O trabalho de educação artística desse autor é quase inteiramente voltado para a compreensão dos processos de cognição artística. Com isso fica comprovado que Gardner busca, a partir das experiências realizadas nos projetos desenvolvidos, criar referenciais para o desenvolvimento de uma psicologia das artes.

Depoimentos

PROJETO *PENSAR E FAZER ARTE*: A INSERÇÃO DA PSICANÁLISE

Spartaco Ângelo Vizzoto[6]

Iniciei meu contato com este projeto nos saraus culturais que o Picollo organizava em casa de amigos e em restaurantes. Grupos seletos, ambientes aconchegantes, ideias instigantes. E surgiu o convite de participar da discussão interdisciplinar sobre Macbeth.

Fizemos duas apresentações. Na primeira, a intenção era fornecer alguns subsídios teóricos a partir da psicanálise para uma leitura das obras escritas, cantadas e filmadas. Meu texto saiu um tanto hermético, talvez de

---

[6] Psiquiatra pela Unicamp –Universidade Estadual de Campinas; Psicanalista pela Sociedade Brasileira de Psicanálise de São Paulo; Membro do Centro de Estudos da Teoria dos Campos.

difícil compreensão para um público não iniciado. Porém, no momento da apresentação, Ivani, com seu pensamento arguto, e sabendo do desenvolvimento que eu queria dar ao trabalho, sugeriu que eu falasse de improviso, deixando de lado a parte da linguagem "competente". Aceitei o desafio e o resultado foi muito interessante e gratificante para mim e para a audiência. O debate tornou-se bastante aprofundado, com depoimentos da plateia muito vivos e até pungentes.

Este pequeno desdobramento mostra como a disciplina psicanálise pode se inserir no contexto do projeto. A "letra morta" dos depoimentos técnicos precisa urgentemente ser ressuscitada pela injeção de sangue opinativo, quase ideológico, da tomada de posição frente à teoria. Desta maneira foi produzido o segundo trabalho, versando sobre a experiência "improvisada" da primeira palestra. O resultado não foi menos produtivo e o sucesso não foi menor.

Em que pese a psicanálise seja hoje tão difundida como parte da cultura, como qualquer disciplina do conhecimento ela precisa de oficinas de forja para manter sua sobrevida e garantir seu desenvolvimento. As instituições tanto psicanalíticas quanto universitárias desempenham bem o primeiro papel, mas deixam a desejar no segundo; quase por definição, paradoxalmente. Toda circunscrição de território de pensamento engendra uma inibição pressuposta da criatividade, que é essencialmente disruptiva. Novas ideias e formulações só são tardia e modicamente aceitas nestes ambientes, geralmente quando o portador já está muito escolado, ou em fim de carreira, podendo ser taxado de gênio ou demente, conforme a conveniência.

Esta discussão me parece estar no âmago da formação deste grupo e também da disciplina da interdisciplinaridade. Paradoxos – vivemos deles, da tensão que geram, em nome das quais circulamos, existimos.

De fato não podemos aceitar que qualquer pensador incauto venha dar *pitacos* em nossa sofrida massa de aquisições teóricas, mas temos o hábito, sendo sinceros, de não admitir qualquer tipo de questionamento, e nos blindamos.

A psicanálise foi inventada por Freud tendo um caráter científico francamente disruptivo para a academia da época – teoria da sexualidade infantil. Foi se transformando aos poucos de ciência clínica para o tratamento de doenças repudiadas pela medicina oficial (a histeria), em um método muito eficiente de leitura e compreensão de outros campos de conhecimento e atividade humana. Entrou então em um lugar muito próximo da crítica e da produção artística. Lembro que o único prêmio de reconhecimento internacional que Freud recebeu foi o de escritor, portanto, artista.

É o que precisamos ser – nós psicanalistas – através da aplicação do método, que segundo nosso mais importante pensador da psicanálise na atualidade, Fabio Herrmann, consiste na ruptura de Campo. A escuta atenta do material (clínica: inclinar-se sobre o objeto de estudo), na tentativa de captar seus elementos, seus componentes essenciais (fenomenologia), palpar suas estruturas (metapsicologia), pensar seus desdobramentos (psicodinâmica) e intervir (interpretação) só quando for imprescindível.

Durante minha participação no projeto, pude exercitar este método de forma análoga àquela que pratico na clínica de meu consultório. Deixei que a obra se aproximasse de mim diretamente e através da visão de meus colegas, observando como se formava um novo corpo crítico dentro do grupo de trabalho e como isto afetava meu discurso sobre novos fenômenos, com o mesmo objeto artístico como pano de fundo.

A sensação é como estar dentro de uma correnteza fértil. Prazerosa, portanto, e pedindo repetição. Fazendo pensar o quanto a transmissão de saberes desde a pré-escola até níveis eruditos de compreensão não se dá sempre de forma artística, com resultados sempre surpreendentes.

É nesta medida que cresce a nossa responsabilidade como polo culto da sociedade, nos obrigando a criar novas estratégias para a difusão do ensino artístico que não se equiparem apenas ao lazer, mas que possam suscitar o interesse vivo pelo estudo e desenvolvimento pessoal. O método psicanalítico é um dos instrumentos que pode ser muito útil neste processo.

A QUALIDADE DIALÓGICA DAS EXPRESSÕES ARTÍSTICAS

Isis Meira[7]

A música é uma linguagem que transmite harmonia, melodia, equilíbrio rítmico e envolve tanto o intelecto – razão – quanto a emoção. No contato com a música, o pensamento se transporta, a emoção flui. É uma linguagem subjetiva, abstrata, mas de fácil captação pelo ouvinte atento. Ela pode falar de força, suavidade, alegria, tristeza, mantendo um diálogo contínuo com quem a escuta. É essa qualidade dialógica que envolve e atrai o ouvinte para o contato com o sensível, refinando suas percepções, ampliando seu nível de consciência, influenciando suas atitudes e sua visão de mundo.

A música também contém objetividade e concretude em seu aspecto físico de transmissão de onda sonora, mantendo uma relação interativa permanente entre seus conteúdos objetivos e subjetivos.

A música de qualidade eleva, refina, coloca o indivíduo em contato com o sutil e faz fluir o sentido estético.

Aprendendo a ouvir música com inteireza o indivíduo trabalha concentração, atenção, disciplina, amplia a sensibilidade, desenvolve a escuta, ao mesmo tempo

---

7 Fonoaudióloga, Psicóloga. Professora Titular da PUC-SP. Tem Mestrado e Doutorado pela PUC-SP. É especialista em problemas de fluência pela Northwestern University. Possui livros e artigos publicados.

em que desperta a ética com uma atitude de respeito, tornando-se mais apto a perceber e lidar melhor com o outro. Essas qualidades são transmitidas em cada frase musical.

Na música, como na vida, essas são características imprescindíveis à evolução do indivíduo e da cultura.

A qualidade dialógica inerente à música também é observada em outras expressões artísticas: no cinema, no teatro, bem como de modo geral nas artes cênicas e gráficas.

Nessa perspectiva, a ópera congrega várias dessas expressões artísticas e transmite as linguagens inerentes a todas elas. As percepções auditivas se somam às visuais e intensificam a complexidade do diálogo entre o indivíduo e a arte. O equilíbrio entre a música e a cena ganha uma importância crucial, fundindo as duas expressões artísticas numa unidade inseparável.

Nos colóquios apresentados pelos integrantes do projeto Pensar e Fazer Arte somam-se outras qualidades de fundamental importância para a educação e a cultura: os conteúdos apresentados pelos palestrantes que comentam com detalhes a ópera apresentada, aprofundando vários aspectos e ajudando a identificar os limiares entre o conteúdo e a percepção.

Assistindo a esses colóquios, tive a ideia de acrescentar a observação e a análise de trechos de ópera como tarefa numa oficina sobre atenção e concentração. O estímulo inicialmente foi apenas auditivo; trabalhamos com a música e conseguimos, não apenas o prazer de ouvir música de qualidade durante os trabalhos, mas também intensificar o diálogo entre o indivíduo e a arte, desenvolvendo nos alunos, por meio do refinamento das percepções auditivas, as capacidades de atenção, concentração, disciplina, escuta, respeito e o aumento da sensibilidade. Desta forma, tornando-os capaz de estabelecer com a música diálogos conscientes e de complexidade crescente, o que contribui para melhor atuação em suas tarefas de vida diária, com efeito em sua atuação na comunidade e na cultura.

ENTREVISTAS

➪ ENTREVISTA COM O PROF. DR. CLAUDIO PICOLLO, REALIZADA NO DIA 29 DE SETEMBRO DE 2010 PELA PROFA. DRA. SONIA ALBANO DE LIMA

1. Claudio, por que este projeto?

Acredito que sem a Arte não suportaríamos a própria existência. Ela seria de extrema inutilidade. Hoje a educação brasileira narcotiza mentes em todos os graus de escolaridade, ela não é um caminho seguro para se alcançar a paz, pois está extremamente subjugada a uma política econômica governamental, o que contraria frontalmente os ensinamentos do nosso querido Paulo Freire. Para mim, a Arte é o bálsamo da humanidade, pois propicia ao indivíduo um bom desenvolvimento mental, psíquico, corporal e social.

Ter participado do GEPI por mais de 10 anos trouxe um novo sentido para a minha formação profissional. Antes de participar deste grupo de pesquisa eu me sentia um professor desestimulado, desiludido, desesperançado, nada no ensino me parecia ter valor. Tudo que eu havia feito na educação parecia sem propósito. A excelente formação que eu tive em língua estrangeira com profissionais de gabarito, as aulas repletas de exemplos e elementos educacionais/artísticos/culturais que jamais poderiam ser comparados à mesmice do padrão de ensino oferecido, pareciam ter perdido o sentido – havia sim um acúmulo de conhecimento reproduzido, padronizado, engessado. Aulas magnas, congressos, cursos, palestras, artigos, nada mais me parecia ter significado. Foi no GEPI que eu me reestruturei como professor, pesquisador e indivíduo, graças à audácia e confiança da Profa. Dra. Ivani Fazenda em recuperar o outro, começando pelo seu abraço inclusivo e seu olhar vigiado que sempre encontra algo de bom na trajetória de um docente. Frequentar o GEPI e as aulas de interdisciplinaridade abriram sobremaneira meus horizontes.

O que me levou a realizar este projeto foi verificar o quanto a inclusão, a parceria, a força, a confiança na humanidade, o comprometimento, a união, o espírito de luta e a junção das diversas áreas de conhecimento eram valorizados por este grupo de pesquisa. Em cada reunião, em cada apresentação, em cada colóquio eu me sentia fortalecido para continuar essa tarefa. Cada dia eu me tornava mais confiante para prosseguir na minha crença que ensinar Arte é desenvolver a arte da descoberta. Buscar algo novo, recriar o velho, conferia-me o direito de criar e não repetir um conhecimento. Lembrando a grande Maria Callas: "a perfeição é muito chata; provoque-me um arrepio, aí sim, fico satisfeita".

O GEPI ajudou-me a consolidar minha atitude interdisciplinar. Foram as apresentações de Maria Callas cantando a ária de Rosina do *Barbeiro de Sevilha* de Rossini; Uti Lambert, cantando e dançando magistralmente *Polichinele,* que nos remete com seu poder artístico a lembrar a grande Piaff; Fellini em *E la nave va* com o coro da *Força do Destino* de Verdi, e, por último, Carla Peres, com seu magnífico rebolado, dançando *Ali Babá*, que surgiu um dos meus questionamentos capaz de motivar o curso Complexidade, Auto-organização e Interdisciplinaridade ministrado no programa de pós-graduação pela professora Ivani Fazenda: Quais as competências necessárias para a formação destes quatro exemplos de manifestação artística? Na ocasião listamos mais de 150 competências para cada autor, ator, cantor, compositor, dançarinas e diretor e foram elas que propiciaram inúmeros outros questionamentos que serviram de sustentáculo para outros pesquisadores realizarem suas dissertações de mestrado e teses de doutorado. Este curso deixaria, com certeza, Perrenoud bastante surpreso.

O nascimento do Projeto Pensar e Fazer Arte ocorreu de forma fortuita. O GEPI compareceu em uma das minhas exposições para professores de inglês e alunos da pós-graduação na Faculdade de Educação da PUC. Eu falava sobre *A Vida e obra de Maria Callas e a Formação do Professor* (em construção). Tal foi a acolhida que rapidamente a professora Ivani me convidou a ministrar aulas abertas, simpósios e apresentações artísticas para o GEPI e para a PUC no início e final de cada semestre letivo. Daí surgiram os colóquios.

Esta revisita ao passado como gestor de transformações, quando associada aos conflitos, dúvidas, indagações do presente sempre ajudam a projetar o futuro de maneira mais promissora. Como isto se dá? Não há possibilidade de projeção futura sem que este eterno *dueto afinadíssimo* entre passado e presente produza o fluxo cognitivo benéfico. Madalena Lébeis, minha tão querida e eterna professora de canto, me falava: "Você não está aí para *repetir* a música já cantada pelos outros por milhares de vezes". Você está aí para interpretar. Portanto, o professor não repete ensinamentos, mas os recria, interpreta-os. Ensinar, portanto, é uma *performance*. Foi o que fiz, hoje sou um professor-artista, mais ainda – um professor artista interdisciplinar, pois possuo quatro elementos constitutivos na minha ação interdisciplinar: o sentido da literatura, o sentido do teatro, o sentido da ópera e o sentido do mito Maria Callas.

Esse despertar como professor artista, o qual desvela minha própria prática, exige a descoberta de símbolos que sustentam minha prática docente. Após considerável contato com a Arte, percebo dois símbolos que serviram de âncoras à minha ação como professor e pesquisador interdisciplinar: o **xale** exaustivamente tecido e desmanchado por Penélope, esposa de Ulisses, na Odisseia de Homero, e o o **camaleão** incorporado em Maria Callas – um camaleão de 300 vozes, gestos e coloraturas, cuja vida foi um processo multifacetado que envolveu tombos, ascensões, continuidade, rigor, profissionalismo, disciplina, enfim, uma perpétua e incansável doação do seu eu para seus alunos; para seus diversos personagens que, como ninguém, soube interpretá-los; para sua enorme audiência e, finalmente, para sua corporificação no meu ser, mostrando-me que o legado artístico/cultural/acadêmico por ela deixado foi consolidado e eternizado pela ousadia da busca incessante de conhecimento que deu vida ao texto, à música, ao autor da obra, ao compositor e ao libretista e trouxe para a humanidade uma revelação que para muitos passou despercebida. Na sua ação duramente construída é que surge a sua magia, sua maneira de não só encantar como maravilhar. Desta maneira, em todas as formas de desenvolvimento, a Arte tem sempre um pouco de magia. Ela é necessária para que o homem se torne capaz de conhecer e mudar o mundo. Mas ela também existe pela magia que lhe é inerente. É nisto que eu acredito.

2. **Como você analisa a projeção deste projeto junto ao GEPI?**

Hoje, o Projeto Pensar e Fazer Arte já faz parte da lista de eventos do GEPI e por que não dizer da PUC e tem uma finalidade científica e pedagógica. Ele já foi apresentado em alguns congressos nacionais e internacionais, artigos já foram publicados em revistas científicas e agora nossa preocupação está centrada na confecção deste livro. Já fizemos apresentações em Consulados, livrarias, escolas, universidades, sempre com o intuito de despertar o gosto pela Arte nos ouvintes presentes, sejam eles alunos ou cidadãos.

Também foi realizada uma série de entrevistas gravadas pela TV PUC com depoimentos muito interessantes dos palestrantes que participaram dos colóquios, que permitem maior reverberação e disseminação do projeto. Além deles, convidei figuras proeminentes do mundo artístico, a fim de mostrar para a sociedade aspectos importantes ligados às manifestações artísticas apresentadas. A partir de 2011, todas as terças-feiras, às 20hs, uma nova entrevista é apresentada pelo Canal Universitário e que é reapresentada cinco vezes semanalmente.

3. Como é feita a divulgação dessas apresentações?

Possuímos uma longa lista de escolas da Rede Oficial de Ensino, particulares, escolas de línguas e Universidades. Além disso, há na página no site da PUC-SP as chamadas para cada apresentação no começo e no final dos semestres. Basta acessar o site www.pucsp.br ou mandar um e-mail para pensarefazerarte@pucsp.br. A entrada é franca e, como a procura é grande, eu peço a gentileza de que me enviem o número de pessoas que pretendem participar dos eventos, para que os lugares sejam reservados.

4. Quais os planos para o futuro?

Como nos diz Ivani Fazenda, cada um possui uma pesquisa de vida e, como esta minha pesquisa é infinita, dada as dimensões das manifestações artísticas que servem de mola propulsora para a existência do Projeto, penso em continuá-la. Para o futuro eu pretendo promover algumas apresentações artísticas ao vivo, sempre com o intuito de formar apreciadores e amantes da Arte. Em 1985 eu produzi um musical intitulado *3001 – Uma Odisseia no Mundo da Música*, no MASP, sob o patrocínio do Departamento de Teatros da Secretaria Municipal de Cultura. Fui autor do monólogo e cantor também. O elenco era formado de três cantoras, eu como barítono, acompanhados pelo violinista José Eduardo Ravalli e o ator D'Artagnan Jr. Foi um monólogo muito aplaudido. Penso em reformulá-lo para apresentar no Projeto Pensar e Fazer Arte. Esta ideia está amadurecendo. Outra ideia que tem me perseguido é montar operetas ou óperas para o público infantil. Seria maravilhoso prepararmos nossas crianças para apreciar esse gênero musical. São ideias que eu quero tornar realidade.

5. **Qual o significado deste projeto na sua vida pessoal e profissional?**

Desde criança, a minha paixão e identificação com a Arte foi muito grande. Nela eu obtenho certezas que estão continuadamente em processo de transformação. Nunca pensei em Arte como mero entretenimento, para mim ela é um campo do saber, no qual eu me autoconheço para conhecer o meu próximo; eu me curo para curar; eu me humanizo para poder humanizar; eu me autocultivo para cultivar; eu desenvolvo minha autossensibilização para sensibilizar. Cada vez que esse contato aparece, vejo que tenho um longo caminho a percorrer.

↪ **Entrevista escrita e autorizada, realizada pelo Prof. Dr. Claudio Picollo com o musicólogo Sergio Casoy, no dia 1 de outubro de 2010**

1. **Você poderia nos dizer por que considera a ópera uma atividade artística interdisciplinar?**

Porque, como tenho observado, a ópera se apodera alegremente dos melhores elementos das outras artes e os combina entre si para a sua realização, cuja característica é a complexidade. Do teatro de prosa – do qual acompanha com grande velocidade e incorpora as novidades tecnológicas – a ópera, que é teatro cantado, usa iluminação, cenários e figurinos. Apoia seus artistas principais, os cantores líricos, com uma orquestra sinfônica originalmente concebida para concertos, cuja quantidade de instrumentos pode variar desde 30 (no período barroco e clássico) até mais de 100 instrumentos (nas obras compostas no século XX). Seus textos – denominados libretos – são poemas que refletem a inspiração dos poetas e a mais alta técnica da poesia de cada um dos períodos históricos de criação considerados, e seus argumentos nascem do teatro de prosa e das novelas em voga no momento da composição. Além disso, para melhor aproveitar a fruição deste gênero de obra de arte, recomenda-se ao ouvinte-espectador que mergulhe – até a profundidade que puder ou quiser – no estudo de história, tanto do período em que o argumento se passa, quanto da época em que a ópera foi criada, para melhor compreender a conjuntura total que envolve tanto os tipos de canto e escolha de instrumentos musicais quanto o conteúdo e a mensagem que os autores, através de sua ópera, enviam ao público.

2. **Em que medida as óperas podem traduzir questões e situações da nossa contemporaneidade?**

Em todas as artes. Creio que as verdadeiras obras de arte fazem isso. A ópera trabalha fortemente sobre o emocional dos ouvintes, através da poderosa ferramenta que é a música cantada. Embora certos argumentos sejam fortemente ligados ao momento histórico que descrevem, há uma série de outros que falam de valores e sentimentos universais (bons e maus), facilmente identificáveis, que são expressos com emoção condizente através desse maravilhoso instrumento musical que é a voz humana – a única capaz de emprestar expressão às palavras. O segredo dessa "tradução" na qual a pergunta se refere reside em um trabalho bem feito de encenação, de direção cênica, que, se utilizando primordialmente de algo chamado bom gosto, consiga falar às plateias modernas, sem distorcer as intenções originais da dupla compositor-libretista.

3. **Como você vê este projeto?**

Como uma grande possibilidade de, ao mesmo tempo, chamar a atenção de todos para a multiplicidade dos conhecimentos que a humanidade vem acumulando, mostrar que a arte está, como sempre esteve, ao alcance de todos – não é propriedade hierárquica de um colégio de iniciados – e, principalmente, estimular a curiosidade individual e coletiva que gera o debate e a discussão.

4. **Você vê alguma possibilidade de introduzir apresentações operísticas nas escolas e nas Universidades? Quais seriam essas possibilidades?**

Evidentemente. Já houve tentativas esparsas que terminaram por falta de sintonia. Uma universidade que disponha de um curso de artes cênicas, um curso de figurinos, além de cursos de música, tem tudo para produzir experiências de alto calibre com seus próprios elementos, mesclando mestres e alunos. Este é um caminho que tem sido trilhado em outros países.

➽ ENTREVISTA REALIZADA NO DIA 1 DE OUTUBRO DE 2010, POR SONIA REGINA ALBANO DE LIMA, COM A PROFA. DRA. ELENICE GIOSA[8], MEMBRO DO GEPI

1. **Você acredita que as apresentações do Projeto *Pensar e Fazer Arte* podem auxiliar a educação?**

Sim, da maneira mais profunda possível. Como aponta Morin (2000), em um momento em que somos assolados pela racionalização das ideias, o projeto, de natureza interdisciplinar, une óperas, peças teatrais,

---

[8] Elenice Giosa é educadora com Doutorado no Instituto de Psicologia e Faculdade de Educação da Universidade de São Paulo. Sua pesquisa tem foco na Educação de Sensibilidade. Seu trabalho já foi apresentado na II Conference for Jungian Studies – Texas, em julho de 2005 e na III Conference for Jungian Studies, em Greenwich, 2006. Participa de alguns projetos nessa área. Leciona inglês em algumas universidades e empresas comerciais e industriais. Foi professora da PUC-SP, organizando cursos específicos na área de ensino de Inglês pela mitologia.

poesias, músicas, culinária, com o intuito de resgatar o que há tempos se encontra perdido: *a sensibilidade da educação*. Ao juntar as várias manifestações artísticas, o projeto chama o ouvinte a viver significativamente aqueles momentos. Nesse clima, surgem novos talentos até então desconhecidos, tanto por parte dos palestrantes, como dos ouvintes. Um campo de profunda criatividade e imaginação percorre todo ambiente. Cria-se na plateia um diálogo hermenêutico não hierarquizado, de profundo respeito. Ao olhar o outro, cada um se percebe nas suas potencialidades, nas suas características, nos seus gostos, na sua ética e na sua vontade. Como bem disse Bachelar (2001), "só imaginamos o que temos vontade". Dessa forma, todos adentram suavemente em um mundo *imaginal*, salvando suas almas, atualmente engolidas pelo capitalismo selvagem!

O *Projeto Pensar e Fazer Arte* propõe passos práticos para uma educação interdisciplinar de profunda qualidade. Com ele, deparamo-nos com um novo paradigma educacional: a possibilidade de troca, negociação, diálogo e criação. Uma educação nesse patamar permite-nos entrar em contato com nossa alma; permite-nos ouvi-la com sentimento, emoção, levando-nos a momentos significativos da história de cada um de nós! Voltamos ao tempo, à nossa ancestralidade. Eu, por exemplo, em uma das apresentações, retornei ao passado. Lembrei do meu avô carinhosamente, enquanto cantor de ópera, e percebi o grande legado que ele me deixou – uma herança que me acompanhou por toda a vida. Graças a ele percebi que a sensibilidade não está presente apenas na Arte, mas na educação e na vida. É isso que chamamos de Educação de Sensibilidade: uma educação que nos abre para os nossos cinco sentidos, guiando-nos para a cultura do sentimento mais sublime que a educação perdeu: o AMOR.

↪ ENTREVISTA REALIZADA PELO PROF. DR. CLAUDIO PICOLLO, NO DIA 15 DE OUTUBRO DE 2010, COM A PROFA. DRA. SONIA REGINA ALBANO DE LIMA

1. **Quando você ingressou no Projeto *Pensar e Fazer Arte*?**

Fui convidada para participar da apresentação da ópera Macbeth de Verdi. Lembro que trabalhamos intensamente no mês de julho para realizarmos um colóquio que integrasse o texto de Shakespeare ao filme produzido, à ópera e ao teatro. A apresentação saiu a contento, tanto que tivemos que reproduzi-la na Livraria Cultura em Campinas. Desde então, iniciamos uma parceria interdisciplinar plena, produzindo textos, conferências, atividades artísticas, apresentando novas óperas. Você produzindo programas para a TV PUC, eu auxiliando nas pesquisas direcionadas ao trabalho. Na verdade, fui me incorporando ao projeto gradativamente, à medida que desempenhava as funções a mim delegadas.

É um trabalho interessante porque você, apesar da sua especificidade (no meu caso a música), deve dar fala aos demais palestrantes e dirigir o seu pensamento para a formação de público. Você não está lidando com técnicos, mas com pessoas que vão lá para aprender alguma coisa relacionada à Arte. Então, embora você se sinta limitada na exposição, por razão de tempo e pela sua própria especificidade, recebe dos demais palestrantes e do público questionamentos interessantíssimos que ampliam o seu espectro cognitivo. Você passa a lidar com aquela experiência artística em outra dimensão.

Tenho muito interesse na disseminação da produção artística nas escolas, pois vejo a importância de inserirmos a arte nos bancos escolares e na sociedade. O momento que estamos vivendo me parece propício para essa proposta, mesmo contando com todas as adversidades próprias da área.

2. **Como você vê a repercussão, reverberação e disseminação do projeto?**
Não poderia ser melhor, o projeto está adquirindo muito prestígio dentro da PUC, no GEPI e nos locais onde os colóquios foram apresentados.

Tenho sentido o esforço das instituições de ensino em participar de projetos interdisciplinares que visam à disseminação das artes e da cultura. Isso já é consequência da aprovação da *Lei nº 11769/08*, que obriga a inserção do ensino musical nas escolas de educação básica e do *Projeto de Resolução* em tramitação no Conselho Nacional de Educação, que regulamentará o art. 52 da Lei nº 9394/96 no tocante à inserção de atividades culturais, populares e eruditas nas Universidades. Obviamente ainda não vivemos um momento auspicioso, há muito por se fazer, mas pelo menos vemos uma luz no fundo do poço.

É também reflexo de uma sociedade que tem se preocupado mais com os rumos da educação. As transformações políticas, econômicas, culturais e sociais ocorridas nos últimos tempos, a globalização econômica e o desenvolvimento tecnológico interferiram profundamente nos processos de aprendizagem. As culturas, em permanente estado de mutação e mobilidade, estão sendo entendidas e avaliadas nas suas múltiplas articulações, sob critérios dialéticos. Hoje as divisões de cultura em cultura popular, cultura erudita e cultura de massa deixaram de existir. Embora pareça contraditório, observamos que a internacionalização do capital, dos sistemas de comunicação e informação tem valorizado bem mais as produções culturais regionais. Nas Universidades, por exemplo, são comuns os trabalhos e pesquisas voltados ao conhecimento da nossa produção cultural. Há por parte da sociedade e da Academia uma necessidade de preservar o que é seu, para que ele não seja engolido pela internacionalização. Esse aparente contrassenso também me parece traduzir a intencionalidade de se elevar a nossa cultura popular ao mesmo patamar da chamada "cultura erudita", ou, pelo menos, consubstanciá-la como algo formalizado, graças a uma tradição solidificada no tempo. Também a democratização do ensino, a flexibilidade e a Interdisciplinaridade nos campos de conhecimento tornaram-se uma prática habitual do sistema de ensino, reflexo da própria LDB nº 9394/96. Veja bem! A lei não é tudo, mas ela ratifica uma posição que deve ser seguida pela sociedade.

3. Quais são os seus planos para o futuro?

Ninguém melhor do que você para ditar os caminhos deste belíssimo projeto, afinal, você é o seu diretor e organizador. Em todos esses anos muitas inovações ocorreram, houve grande repercussão e disseminação deste seu trabalho. Você mesmo já pensou em projetar para as próximas apresentações produções artísticas ao vivo, e não mais recortes de produções já elaboradas. Isso trará maior visibilidade ao projeto e discussões bem mais amplas. Também tenho observado o seu empenho em trazer para os colóquios pessoas influentes no mundo das artes, da cultura e da educação. Isso é notável porque cria na Universidade um foco de pesquisa importante para as Artes, sem contar o apoio maravilhoso que temos da nossa Coordenadora Ivani Fazenda e da própria PUC. Eu tenho me sentido muito realizada em estar participando ativamente deste projeto e, enquanto for útil para o grupo, não pretendo me ausentar dele, mas confesso que muito deste meu trabalho tem sido motivado pelo apoio que tenho recebido tanto da sua pessoa, quanto da própria Ivani. Sozinha eu não teria conseguido realizar este trabalho. Você é uma pessoa bastante dinâmica e muito criativa, e isso em Projetos Artísticos é primordial. O melhor de tudo é que ele não é somente um projeto artístico, mas, principalmente, um projeto pedagógico.

4. Como é que você sente este trabalho interdisciplinar?

Estou na Interdisciplinaridade desde 2001, portanto, não tenho mais motivos para me sentir um peixe fora d'água. Aprendi muito com a Interdisciplinaridade. Vim de uma formação bastante tecnicista e confesso que nos primeiros anos no grupo sentia-me um tanto desconfortável com essa multiplicidade de conhecimentos veiculados no GEPI. Contudo, à medida que fui compreendendo o que é ser um professor interdisciplinar, percebi que o meu campo de observação foi se aprofundando não só na minha especialidade, como também em outras áreas. Vi nessa nova maneira de pensar o ensino a possibilidade de resolver questionamentos muito mais complexos. Meu campo teórico-educacional aumentou consideravelmente e pude perceber que existem inúmeras formas de você atuar dentro de uma determinada especialização. Hoje me considero bastante útil na minha especialidade, não sou apenas uma professora de instrumento musical, mas posso participar amplamente de qualquer discussão no campo da educação, principalmente dentro da minha área. O projeto para mim tem um valor pedagógico incrível, pois acessa todas as camadas da sociedade; permite aos participantes uma verdadeira integração com o mundo artístico; veicula um saber extramuros; traz um grande potencial para a inclusão social em todos os aspectos – é disso que precisamos no ensino musical. É realmente necessário para um professor que vai seguir a carreira acadêmica um trabalho tecnicista, mas devemos pensar também em democratizar cada vez mais o ensino das artes para a sua própria revitalização. De repente formação de público, veiculação de repertório, acompanhamento de projetos culturais, pedagógicos e artísticos não são coisas para se desprezar no mundo das artes.

A TEORIA FECUNDA E A PRÁTICA DIFÍCIL DA INTERDISCIPLINARIDADE

Ivani Catarina Arantes Fazenda[9]

Há trinta anos, quando iniciei meus estudos sobre Interdisciplinaridade na formação de educadores, falar disso era um sacrilégio, e, infelizmente, por desconhecimento de alguns, essa prática há 30 anos gestada, embora fecunda, ainda é vista como difícil. Certamente nesses dois atributos: fecunda e difícil, um paradoxo. Tentarei neste ensaio clarificá-lo.

Para compreender o sentido de fecundidade, haveria necessidade de reportarmo-nos aos seus primórdios. Recentemente, em um diálogo promovido pelo GEPI –

---

[9] Doutora em Antropologia pela USP – Universidade de São Paulo. Livre-docente em Didática pela UNESP – Universidade Estadual Paulista. Atualmente é professora titular da Pontifícia Universidade Católica de São Paulo e professora associada do CRIE (Centre de Recherche et intervention educative) da Universidade de Sherbrooke – Canadá. Membro fundador do Instituto Luso-Brasileiro de Ciências da Educação da Universidade de Évora – Portugal. Em dezembro de 2007 foi convidada para ser membro do CIRET/UNESCO – França. Coordenadora do GEPI – Grupo de Estudos e Pesquisas em Interdisciplinaridade, filiado ao CNPq e outras instituições internacionais. Pesquisadora CNPq – Nível IB. Tem experiência na área de Educação, com ênfase em Ensino-Aprendizagem, atuando principalmente nos seguintes temas: interdisciplinaridade, educação, pesquisa, currículo e formação.

Grupo de Estudos e Pesquisa em Interdisciplinaridade da PUC-SP – com Hilton Japiassú, o precursor dos estudos sobre Interdisciplinaridade no Brasil, pude compreender melhor os alicerces iniciais de seus estudos, e pretendo sumariar certos aspectos, apenas para resolver parte do paradoxo: fecundidade.

Hilton Japiassú, quando decidiu investigar Interdisciplinaridade, frequentou durante dois anos o espaço onde a Teoria da Interdisciplinaridade estava sendo gestada – o laboratório de Jean Piaget. Nessa convivência, estava a difícil arte de compreender a discussão que pairava entre os acadêmicos que estudavam com Piaget, ao final dos anos 60, sobre o valor do conhecimento específico das ciências e a possibilidade de extrapolar seus limites. Piaget, após longa investigação sobre a complexidade dos limites das ciências, numa atitude de liberação das amarras que impediam o afrouxamento das fronteiras, cria o conceito de Transdisciplinaridade, imaginando com ele a possibilidade de transgressão dos principais paradigmas fechados das ciências convencionais da época. Não cabe aqui a retrospectiva desse debate, aprofundado em textos anteriores.

A ciência convencional que vinha sendo colocada em questão passa a ser questionada na Escola, nas disciplinas que então se organizavam, e com elas o currículo. Toda pesquisa fronteiriça passa a fazer sentido e a ortodoxia cientificista passa a ser secundarizada em nome de uma pesquisa interdisciplinar, na qual o espaço entre as disciplinas é conquistado, numa expressão de Gusdorf em carta pessoal "forçando o espaço para colocar sua cadeira em prol de uma existência mais humana".

Após esse encontro com Japiassú, investigando aspectos que ainda para mim eram nebulosos, ativo minha memória ao início dos anos 70, verificando situações de época em que os adeptos de uma abertura de fronteiras pagaram com a vida "acadêmica" – mais ou menos como Sócrates, que preferiu tomar sicuta a sucumbir ao direito de um pensamento livre. Certos acadêmicos foram colocados à margem da Academia, entre eles Georges Gusdorf que, como Piaget, foi precursor nos estudos da Interdisciplinaridade. Entretanto, os escritos de época permaneceram extremamente fecundos, e essa fecundidade propicia-nos hoje, não ainda sem dificuldades, exercer a Interdisciplinaridade.

Gusdorf foi deles todos meu mestre e mestre de Japiassú. Seu legado – uma coleção de mais de trinta livros (todos com mais de 1000 páginas) sobre a história das Ciências e os embates vividos na superação de suas fronteiras. Suas últimas obras são expressões autênticas de que o romantismo foi o movimento mais vibrante na recuperação da essencialidade do Homem – fundamento de toda e qualquer Ciência.

Compreender a essencialidade do ser em sua magnificente subjetividade foi até uma década atrás visto, felizmente, por um número reduzido de educadores, como coisa menor. Acredito hoje que esse descaso ou preconceito deveu-se mais ao desconhecimento da profundidade do conhecimento armazenado pelos teóricos fundantes da Interdisciplinaridade. No caso de Gusdorf, por exemplo, penso que, não fosse pelas Edições Payot, hoje não poderíamos acessar seu legado.

Marginalizado da Academia, execrado por muitos, Gusdorf manteve-se no anonimato, escrevendo, dialogando com autores que como ele também tiveram suas "cabeças a prêmio" ao longo da História; dialogando solitariamente, evidenciando em cada parágrafo de sua obra as possibilidades de transformação de uma *noiesis* numa *poiesis*, parodiando Aristóteles.

Acreditava Gusdorf, assim como Japiassú, no prefácio do meu primeiro livro sobre Interdisciplinaridade (1979): mais vale uma cabeça bem formada, do que uma cabeça deformada pelo indevido acúmulo de saber inútil. Acreditava também que o mais importante é a coerência entre palavras e fatos. Um educador que prega, mas não procede de acordo com seu discurso, de nada vale. Dizia mais, que destarte toda crise que vivenciamos – moral, social, pessoal – existem sempre "ilhas de Paz", onde o homem pode se refugiar nos momento de maior desesperança; e a virtude da força que supera estará no encontro dessas ilhas da Paz, construídas no interior de cada ser, de cada cultura, de cada sociedade.

Nessas ilhas repousam os talentos adormecidos; são miríades de calmaria que nos revelam o mais pleno sentido do existir, são ilhas de possibilidade, onde as rupturas são sempre bem-vindas, porque possíveis construtoras de um mundo melhor, mais justo, mais equilibrado.

Hoje, mais de trinta anos são passados e a Teoria da Interdisciplinaridade invade a Academia. Centros de Referência como o CRIE (Centro de Intervenção

Educativa) no Canadá, presidido por Ives Lenoir; CIRID (na França), presidido por M. Sachot; as investigações nos Estados Unidos tuteladas por Julie Klein; na Bélgica por Gerard Fourez e no Brasil no GEPI da PUC-SP armazenam uma produção de quase 5000 pesquisas. Fecunda produção teórica, porém difícil de ser implementada, porque, infelizmente, o rito das cabeças deformadas pelo acúmulo de conteúdos ainda impera.

No Canadá e Estados Unidos essas pesquisas têm sido fundamento das Reformas Educacionais e os resultados já se fazem sentir no acompanhamento de seus resultados e nas formas diferenciadas de intervenção.

No Brasil, infelizmente, elas ainda não são muito conhecidas, o que reduz o produto a algumas experiências esparsas em alguns sistemas públicos municipais e certas instituições particulares que somente agora atentam para o seu valor. Embora as políticas públicas, em suas diretrizes, continuem apontando para a problemática da Interdisciplinaridade, ignoram toda produção na área (56 pesquisas concluídas), o que coloca o Brasil como Centro de Referência Mundial nas questões da Interdisciplinaridade, reconhecido pela UNESCO.

O que com isso queremos dizer é que para viver a Interdisciplinaridade é necessário antes de tudo conhecê--la, em seguida pesquisá-la, posteriormente definir o que por ela se pretende, respeitando as diferenças entre uma formação pela ou para a Interdisciplinaridade.

Outra questão que se faz necessário compreender é entender do que estamos tratando: de uma Interdisciplinaridade Profissional, Científica ou Escolar? Existem variações já pesquisadas para cada um desses aspectos. Existem cuidados que devemos ter ao trabalhar em cada dimensão. Trata-se de um conceito extremamente polissêmico e, portanto, possível causador de equívocos em sua compreensão e consequente aplicação.

No Brasil conceituamos Interdisciplinaridade por uma nova atitude frente à questão do conhecimento, de abertura à compreensão de aspectos ocultos do ato de aprender e dos aparentemente expressos, colocando-os em questão. Exige, portanto, uma profunda imersão no trabalho cotidiano, na prática. A metáfora que a subsidia, determina e auxilia na sua efetivação é a do olhar; metáfora essa que se alimenta de natureza mítica diversa.

Cinco princípios subsidiam uma prática docente interdisciplinar: humildade, coerência, espera, respeito e desapego. Alguns atributos são próprios, determinam ou identificam esses princípios. São eles a afetividade e a ousadia, que impelem às trocas intersubjetivas, às parcerias.

A interdisciplinaridade pauta-se numa ação em movimento. Esse movimento pode ser percebido em sua natureza ambígua, tendo a metamorfose, a incerteza, como pressuposto.

Todo projeto interdisciplinar competente nasce de um lócus bem delimitado, portanto, é fundamental contextualizar-se para poder conhecer. A contextualização exige uma recuperação da memória em suas diferentes potencialidades, portanto, do tempo e do espaço no qual se aprende.

A análise conceitual facilita a compreensão de elementos interpretativos do cotidiano. Para tanto é necessário compreender a linguagem em suas diferentes modalidades de expressão e comunicação – uma linguagem reflexiva, mas, sobretudo, corporal.

Alguns dos principais eventos em educação no Brasil e Portugal, ao final dos anos 90 e início desta década vêm contando com a participação de professores e alunos desse grupo brasileiro em seus simpósios, mesas-redondas, painéis, conferências, bem como em sua organização, ou seja, sempre que a Interdisciplinaridade na educação é requerida.

Apesar de as publicações sobre reformas curriculares no Brasil apresentarem uma forte tendência em privilegiar a interdisciplinaridade, buscando caracterizar os enfoques que visam à reorganização de modelos conceituais e operacionais associados às concepções ligadas ao sistema convencional das disciplinas científicas, existem outros modelos organizacionais que partem de princípios diversos procurando romper com essas concepções, idealizando outros modelos organizacionais. Existe uma grande confusão quanto a qual seria a melhor dessas hipóteses. Sintonizamo-nos com a proposta do Colóquio de Sherbrooke em vários de seus aspectos que aqui tomamos como nossos.

No limiar do século XXI e no contexto da internacionalização caracterizada por uma intensa troca entre os homens, a Interdisciplinaridade assume um papel de grande importância. Além do desenvolvimento de novos saberes, a Interdisciplinaridade na educação favorece novas formas de aproximação à realidade social e novas leituras das dimensões socioculturais das comunidades humanas.

A formação na educação à, pela e para a Interdisciplinaridade se impõe e precisa ser concebida sob bases específicas, apoiadas por trabalhos desenvolvidos na área, trabalhos esses referendados em diferentes ciências que pretendem contribuir desde as finalidades particulares da formação profissional até a atuação do professor. A formação à Interdisciplinaridade (enquanto enunciadora de princípios), pela Interdisciplinaridade (enquanto indicadora de estratégias e procedimentos) e para a Interdisciplinaridade (enquanto indicadora de práticas na intervenção educativa) precisa ser realizada de forma concomitante e complementar. Exige um processo de clarificação conceitual que requer um alto grau de amadurecimento intelectual e prático, uma aquisição no processo reflexivo que vai além do simples nível de abstração, mas requer uma devida utilização de metáforas e sensibilizações.

Os fundamentos conceituais advindos dessa capacidade adquirida influirão na maneira de orientar tanto a pesquisa quanto a intervenção do professor-pesquisador que recorrer à Interdisciplinaridade.

Muito mais que acreditar que a Interdisciplinaridade se aprende praticando ou vivendo, os estudos mostram que uma sólida formação à Interdisciplinaridade encontra-se extremamente acoplada às dimensões advindas de sua prática em situação real e contextualizada.

Conhecer o lugar de onde se fala é condição fundamental para quem necessita investigar como proceder ou como desenvolver uma atitude interdisciplinar na prática cotidiana. Entraves de natureza política, sociocultural, material e pessoal podem ser mais bem enfrentados quando se adquire uma visão da política educacional em seu desenvolvimento histórico-crítico. Para tanto, a pesquisa interdisciplinar pretende investigar não apenas os problemas ideológicos a ela subjacentes, mas seu perfil disciplinar que a política e a lei imprimem em todas suas nuances. A partir de uma leitura disciplinar cuidadosa da situação vigente, é possível antever-se à possibilidade de múltiplas outras leituras. O que queremos dizer com isso é que a Interdisciplinaridade permite-nos olhar o que não se mostra, intuir e alcançar o que ainda não se consegue, mas esse olhar exige uma disciplina própria capaz de ler nas entrelinhas.

Outro aspecto a ser salientado é a necessidade de privilegiar o encontro com o novo, com o inusitado em sua revisita ao velho. O recurso à memória em toda sua polissemia é algo difícil de ser realizado, requer estratégias próprias, criação de novas metodologias, metamorfose de metodologias já consagradas, tais como as histórias de vida ou outras pouco exploradas como a investigação hermenêutica. Para isso faz-se necessário um cuidado epistemológico, metodológico, na utilização de metáforas e nas intervenções.

A troca com outros saberes e a saída do anonimato – características dessa forma especial de postura teórica – têm que ser cautelosa, exigem paciência e espera, pois se travestem da sabedoria, na limitação e provisoriedade da especialização adquirida. A trilha interdisciplinar caminha do ator ao autor de uma história vivida, de uma ação conscientemente exercida a uma elaboração teórica arduamente construída. Tão importante quanto o produto de uma ação exercida é o processo e mais que o processo, é necessário pesquisar-se o movimento desenhado pela ação exercida – somente ao pesquisarmos os movimentos das ações exercidas, será possível delinearmos seus contornos e seus perfis. Explicitar o movimento das ações educacionalmente exercidas é, sobretudo, intuir-lhes o sentido da vida que as contempla, o símbolo que as nutre e conduz – para tanto, torna-se indispensável cuidar-se dos registros das ações a serem pesquisadas – sobre esse tema muito já tenho redigido e discutido.

O movimento ambíguo de uma Pesquisa ou de uma Didática interdisciplinar sugere a emergência e a con-fluência de outros movimentos, porém é imperioso que o movimento inicial se explicite, se mostre adequadamente. O que com isso queremos dizer é: Novos movimentos, nascidos de ações e práticas bem-sucedidas, geram-se em movimentos anteriores. Somente é possível analisá-los e conhecê-los quando investigamos seus elementos de origem. Negar o velho, substituindo-o pelo novo é um princípio oposto a uma atitude interdisciplinar na Didática e na Pesquisa em Educação. A pesquisa inter-disciplinar parte do velho, analisando-o em todas as suas potencialidades. Negar o velho é uma atitude autoritária que impossibilita a execução de uma Didática e de uma Pesquisa Interdisciplinar. Exemplos dessa forma especial de pesquisar podemos encontrar nos trabalhos de doutoramento orientados por nós.

Essa recorrência ao velho travestido de novo decorre do recurso e exercício da memória. Dupla forma de memória: a memória – registro, escrita – impressa e ordenada em livros, artigos, comunicados, anotações de aulas, diários de classe, resumos de cursos e palestras, fotos e imagens e a memória explicitada, falada, socializada, enfim, comunicada. Essa forma especial de recurso à memória tem sido exercida nas mais de noventa pesquisas que coordenamos; pesquisas referentes a todos os graus e áreas do ensino.

Ambas as formas ou recursos da memória permitirão a ampliação do sentido maior do homem – comunicação. Esta, quando trabalhada, permitirá uma releitura crítica e multiperspectival dos fatos ocorridos nas práticas docentes, que poderão ajudar a compor histórias de vida de professores, vidas que cuidadosamente analisadas poderão contribuir para a revisão conceitual e teórica da Didática e da Educação.

Tão importante quanto o exercício da memória é o exercício da dúvida. Se nossa intenção é revelar e explicitar *o homo loquens* – aquele que comunica –, teremos que ativar seu mecanismo mais anterior e antropológico que o constitui – o do *homo quaerens* – do homem enquanto ser que pergunta e da situação específica de seu ato de perguntar. O *homo quaerens* constitui-se numa das últimas especificidades do ser racional homem, pois, quanto mais se evolui na investigação do homem como ser reflexivo, mais nos aproximamos de nossos antepassados e de suas primeiras perguntas. Tanto a pergunta mais imediata, suscitada no porquê, quanto em sua sequencialidade, por que aspiram a uma compreensão última ou total, interdisciplinar do conhecimento.

Uma educação ou uma didática interdisciplinar fundada na pesquisa compreende que o importante não é a forma imediata ou remota de conduzir o processo de inquirição, mas a verificação do sentido que a pergunta contempla. É necessário aprendermos nesse processo interdisciplinar a separar as perguntas intelectuais das existenciais. As primeiras conduzem o homem a respostas previsíveis, disciplinares, as segundas transcendem o homem e seus limites conceituais, exigem respostas interdisciplinares. O saber perguntar, próprio de uma atitude interdisciplinar, envolve uma arte cuja qualidade extrapola o nível racional do conhecimento. Em nossas pesquisas tratamos de investigar a forma como se pergunta e se questiona em sala de aula, e a conclusão mais genérica e peculiar revela-nos a importância do ato e da forma como a dúvida se instaura – ela será a determinante do ritmo e do contorno que a ação didática contempla – detivemo-nos, em uma das pesquisas que orientamos, em descrever o movimento que a dúvida percorre durante uma aula de 50 minutos, analisando em que medida o conhecimento avança ou retrocede, movido pelo tipo de questionamento que o alimenta.

A pesquisa e a didática interdisciplinar tratam do movimento (do dinâmico), porém aprendem a reconhecer o modelo (o estático), tratam do imprevisível (dinâmico), porém no possível (estático) tratam do caos (dinâmico), mas respeitam a ordem (estático).

O objetivo da construção de uma didática e de uma pesquisa interdisciplinar é a explicitação do contorno ambíguo dos movimentos e das ações pedagógicas – apenas o exercício da ambiguidade poderá sugerir a multiface do movimento e, por conseguinte, do fenômeno pesquisado.

A possibilidade de um trabalho de natureza interdisciplinar nas pesquisas sobre sala de aula anuncia-nos possibilidades que antes não eram oferecidas. Quando isso acontece, surge a oportunidade de revitalização das instituições e das pessoas que nelas trabalham. O processo interdisciplinar desempenha um papel decisivo no sentido de dar corpo ao sonho, o de fundar uma obra de educação à luz da sabedoria, da coragem e da humildade.

Nas questões da interdisciplinaridade é tão necessário e possível planejar-se quanto imaginar-se, isto impede que possamos prever o que será produzido, em que quantidade ou intensidade. O processo de interação permite a geração de entidades novas e mais fortes, poderes novos, energias diferentes. Caminharemos nele na ambiguidade, entre a força avassaladora das transformações e os momentos de profundo recolhimento e espera.

O cuidado primeiro que se deve ter é o de encontrar-se o ponto ótimo de equilíbrio no movimento engendrado por essa ambiguidade: da imobilidade ao caos. As fontes novas de saber vivenciadas no conhecimento interdisciplinar permitem-nos facilmente reconhecer que a estrutura na qual vivemos é reflexo de outras épocas, gestadas no passado. Sentimo-nos tolhidos, nesse processo, em exercer o imperativo de ordens que não nos pertencem, a valores que não desejamos e nosso primeiro impulso é rompermos com ela. Porém, o processo de metamorfose pelo qual passamos e que fatalmente conduzirá a um saber mais livre, mais nosso, mais próprio e mais feliz é um processo lento, exige uma atitude de espera, não uma espera passiva, mas uma espera vigiada. Alterar violentamente o curso dos fatos não é próprio de uma educação que abraça a Interdisciplinaridade. Ela exige que se prove aos poucos o gosto que tem a paixão por formar até nos embebedarmos dela, porém o sentido que um trabalho interdisciplinar desperta e para o qual não estamos preparados é o da sabedoria, de aprender a intervir sem destruir o construído.

Decorrente deste cuidado, outro se faz necessário na elaboração de princípios mais coerentes com essa atitude e que descreveremos a seguir. Num processo interdisciplinar é preciso olhar o fenômeno sob múltiplos enfoques. Isto vai alterar a forma como habitualmente conceituamos. Não estamos habituados a questionar ou investigar conceitos. Temos como corrente em nosso discurso conceitos tais que: formação, disciplina, competência, ensino, aprendizagem, didática, prática, como conceitos dados.

Numa dimensão interdisciplinar, um conceito novo ou velho que aparece adquire apenas o encantamento do novo ou o obsoleto do velho. Para que ele ganhe significado e força precisa ser estudado no exercício de suas possibilidades. A imagem que me vem à cabeça é a dos mil esboços realizados por Picasso ao compor a

Guernica — a totalidade conceitual dessa obra foi gestada na virtude da força guerreira, no desejo transcendente de expressar liberdade. A magnificente força que dela emana, o impacto que sentimos quando dela nos aproximamos encontra-se na harmonia de cada detalhe, na beleza da vida e na crueza da morte, assim como na crueza da vida e na beleza da morte. Razão e emoção compõem a dança de luz e sombra da liberdade conquistada. Cada um de nós ao contemplá-la chora e ri a partir dos sonhos enunciados, das intuições subliminares, no jogo explícito das contradições, da história configurada. Picasso cuidou interdisciplinarmente de cada aspecto de sua liberdade pessoal, exercitou-a ao compor um conceito universal de liberdade. Esse exercício, nos educadores, ainda estamos por viver. Geralmente cuidamos da forma, sem cuidarmos da função, da estética, da ética, do sagrado que colore o cotidiano de nossas proposições educativas ou de nossas pesquisas.

Os cuidados anteriormente enunciados quando analisados em sua potencialização certamente alterarão o conceito macro de ser professor. Gradativamente precisamos nos habituar ao exercício da ambiguidade, no sentido de que esse procedimento rejeita a mediocridade das ideias, estimula a vitalidade espiritual, é radicalmente contrário ao hábito instaurado da subserviência, pois reconhece que ele massacra as mentes e as vidas. A lógica que a Interdisciplinaridade imprime é a da invenção, da descoberta, da pesquisa, da produção científica, porém gestada num ato de vontade, num desejo planejado e construído em liberdade.

MODELOS DE ATIVIDADES ARTÍSTICAS INTERDISCIPLINARES

Neste capítulo pretendemos resumir algumas atividades artísticas de cunho interdisciplinar desenvolvidas no Projeto *Pensar e Fazer Arte* e na Faculdade de Música Carlos Gomes. A intenção da narrativa é apresentar aos leitores modelos de eventos artísticos que poderão integrar as atividades extracurriculares e os projetos pedagógicos de escolas de ensino artístico, escolas de educação básica e universidades. A primeira das atividades a ser relatada é a Biodanza.

I. BIODANZA

No dia 18 de março de 2009, no Auditório do TUCA, a psicóloga Patrícia Reiter Guardia[10] e Maria Angelina Pereira, assistente social e Diretora da Associação Brasileira de

---

[10] Psicóloga com especialização em *Gestalt* pela Universidade de Munique, Biodanza e Musicoterapia, atuando nas áreas Clínica e Organizacional. Integrante do GEPI, dirige seus estudos ao bem-estar. Atualmente é responsável por coordenação de atividades em Psicologia do Trânsito.

145

Biodanza, realizaram uma apresentação de Biodanza para o GEPI e professores convidados.

A BIODANZA foi criada pelo antropólogo e psicólogo chileno ROLANDO TORO em 1964. No Brasil existe desde 1978. É um sistema orientado para o estudo e o fortalecimento de expressão das potencialidades humanas por meio da música, do canto, do movimento e indução de vivências integradoras. Ela não trabalha com elaborações cognitivo-verbais. O Princípio Biocêntrico coloca o respeito à vida como centro e ponto de partida de todas as disciplinas e comportamentos humanos. Cabe à biodanza integrar o ser humano no seu *SENTIR, PENSAR e AGIR* de forma coerente, por meio da dança. Os exercícios, portanto, estão especialmente destinados a ativar o sistema límbico, mundo das emoções e dos estados de regressão e êxtase. Os seus elementos básicos são: música – movimento – vivência. Eles formam a estrutura unitária cujos componentes estão em relação dinâmica e possuem um efeito especial. Não há contraindicações para se trabalhar com a Biodanza, ela pode ser aplicada em grupos de crianças, jovens, adultos e na terceira idade, para ambos os sexos, sempre com o objetivo comum de realizar um trabalho voltado para o crescimento pessoal do ser humano.

A BIODANZA não se norteia por uma coreografia ou passos previamente marcados. Ela é pautada no ato de dançar motivado pela emoção interna do sujeito. Cada pessoa tem uma dança interna e uma forma de expressá-la. É por meio dessa dança que extravasamos o nosso potencial afetivo e amoroso para com o próximo, para conosco e para com o universo.

Nela vivenciamos a *afetividade, a criatividade, a vitalidade, a sexualidade e a transcendência*. Por meio de exercícios lúdicos ativamos a vitalidade e nos movimentos corporais surge a nossa criatividade. A afetividade está no movimento do olhar que percorre o grupo, no cruzar as mãos entre parceiros. A sexualidade reside no prazer de estar vivo, na expressão dos movimentos, no gosto pela dança. A transcendência encontra-se na conexão que estabelecemos com a natureza, seus sons, sua vibração. A Biodanza propõe novos modelos de comportamento, trabalha a parte saudável das pessoas e, fundamentalmente, o amor como fonte de vida.

Na atividade desenvolvida no TUCA ARENA, tivemos duas horas de informações preciosas a respeito desse tratamento de saúde alternativo, exposição do método e pudemos praticar esta atividade em grupo.

A repercussão desta proposta foi altamente benéfica, possibilitando ao GEPI a execução de algumas danças circulares que, via de regra, segue a mesma proposta de reabilitação corporal alternativa.

II. UMA VIVÊNCIA INTERDISCIPLINAR NA EDUCAÇÃO DOS SENTIDOS: QUÍMICA, SABOR E OLHAR – UMA PARCERIA NECESSÁRIA

Esta atividade artística foi apresentada em setembro de 2009 no Tuca Arena, pelas professoras e pesquisadoras do GEPI Dirce Encarnacion Tavares, Ana Maria Ruiz Tomazoni e Maria Helena Esteves da Conceição e reapresentada em 30 de maio no XVI Congreso Mundial de Ciencias de la Educación em Monterrey – México. O objetivo foi promover experiências e vivências interdisciplinares ligadas à química, ao sabor e ao olhar, que apontavam para a importância dos sentidos em todas as idades, inclusive na terceira idade. Demonstrou-se nessas vivências o quanto os sentidos têm dimensões variadas em cada fase da vida.

Foi ressaltada nessa atividade a importância da educação do olhar no processo de aprendizagem. Educar o olhar possibilita enxergar além das aparências, é acompanhar o movimento, é contemplar e examinar o mundo do desconhecido. Não se vê, se analisa ou se avalia somente com o pensamento, mas com a emoção, com a percepção, com o físico, ou seja, com todo o nosso corpo.

O grupo escolhido para participar das vivências foi composto por indivíduos de sete a oitenta anos de idade, das escolas públicas e particulares, do ensino fundamental, médio, e das Faculdades Abertas para a Terceira Idade de São Paulo. O mundo atual volta o olhar para o homem que envelhece e que se apropria com mais maturidade do sabor dos alimentos e percebe a importância para a vida, desenvolvendo um refinamento de todos os sentidos. A Interdisciplinaridade pode ser vista como uma vivência significativa, histórica e culturalmente contextualizada.

As ações interdisciplinares visam à preservação da vida e o paradoxo manutenção e transformação do ser. Mediante as experiências vivenciadas percebeu-se a diversidade de reações nas variadas fases pesquisadas. Notou-se que as crianças, aparentemente, possuem uma característica mais livre para expressar seus desejos e sentimentos. Elas ainda não estão marcadas pelas máscaras que vamos adquirindo no decorrer da vida. Suas expressões são mais espontâneas e desinibidas. Os sentidos são mais aguçados. Já os adolescentes expressaram seus desejos a partir do visual e como vê o outro exprimindo seus sentimentos. Se o grupo aderiu a um determinado alimento, ele adere também. Há um poder do grupo em suas ações e reações. Exprimem seus desejos, de forma ainda inconsciente. Isto envolve a cultura do lugar onde cada um se forma e habita.

É esta formação interdisciplinar que possibilita entender a beleza do uso dos nossos sentidos, da funcionalidade e da própria intencionalidade. Educar o olhar possibilita enxergar além das aparências, é acompanhar o movimento, é contemplar e examinar o mundo do desconhecido. Concluiu-se que os sentidos também são integrados. Não se vê, se analisa ou avalia somente com o pensamento, mas com a emoção, com a percepção, com o físico, ou seja, com todos os sentidos, com o ser total.

III. A ÓPERA "BASTIEN UND BASTIENNE" DE W. A. MOZART (PROJETO CULTURAL)

A montagem da ópera Bastien und Bastienne de W. A. Mozart pela Faculdade de Música Carlos Gomes foi a público pela primeira vez no Teatro Sérgio Cardoso – Sala Paschoal Carlos Magno, nos dias 14 e 15 de março de

2005, às 16 horas, dando início às atividades comemorativas do centenário de criação desta instituição de ensino. A encenação teve intuito pedagógico e destinou-se mais diretamente ao público infantil, por isso foi cantada em alemão, com legendas e diálogos expostos de maneira lúdica, em português.

W. A. Mozart compôs esta obra aos doze anos de idade, em 1768. O texto musical é de extrema simplicidade, marcado por uma unidade melódica que flui com naturalidade, ao mesmo tempo em que permite identificar cada personagem da trama por meio de recursos musicais, evidenciando-se a genialidade deste compositor já na infância. Wilhelm Weiskern foi o libretista, os versos adicionais são de Johann Heinrich Friedrich Muller e os recitativos, de Johann Andreas Schachtner.

O enredo descreve de forma lúdica as desventuras amorosas da camponesa Bastienne junto ao seu amado, o pastor Bastien, que a trocou por uma nobre dama do castelo. Desesperada, ela pede a ajuda do Mago Colas, na tentativa de reconquistá-lo. A trama desenvolve-se a partir de conselhos dados pelo mágico, tanto para Bastienne quanto para Bastien.

O espetáculo contou com a seguinte equipe técnica:

- Bastienne – Flavia Lima (Soprano);
- Bastien – Danilo Stollagli (Tenor);
- Mago Colas – Paulo Borges (Baixo);
- Legendas – Ato Primo;
- Direção e Cenografia – Walter Neiva;
- Regente – Joceley Bohrer;

- Pianista – Dana Radu;
- Adereçagem – Jaguadarte;
- Realização e Produção – Sonia Regina Albano de Lima.

Para sua estreia foram convidados os alunos do ensino fundamental da ESCOLA CARANDÁ, que posteriormente desenvolveram em sala de aula um trabalho interdisciplinar, focando todo o aprendizado obtido no espetáculo e as áreas de conhecimento envolvidas na ópera. O mesmo espetáculo foi apresentado no Templo Luz do Oriente em São Paulo, no dia 8 de maio de 2006, para um público juvenil.

A ópera foi documentada em DVD e arquivada na Biblioteca de Música da Faculdade.

O crítico Edson Lima, no dia 16 de março de 2005, no jornal eletrônico *News Ópera* nº 113, silved@uol.com.br, proferiu o seguinte comentário a respeito do espetáculo:

> *Pela importância do evento e a quem ele se destina, queremos registrar o bonito espetáculo Bastien und Bastienne, ópera composta por Mozart aos doze anos e montada por Walter Neiva no Teatro Sérgio Cardoso nos últimos dias 14 e 15, literalmente tomado por um público de crianças, entusiasmadas em ver as peripécias dos dois jovens acobertados pelo mago amigo. Um bonito e agradável trabalho, especialmente se considerarmos que pode fazer a garotada se interessar mais por ópera. Desempenho correto de*

Flavia Lima, soprano, Danilo Stollagli, tenor e Paulo Borges, baixo, com a regência do maestro Jocelei Bohrer. E a grande oportunidade de rever a bela e competentíssima Dana Radu ao piano. É espetáculo para ser apresentado muitas e muitas vezes, quer em teatros, escolas, fábricas e ao ar livre. Bonito e interessante. Walter Neiva, aliás, está com a corda toda, com muitos projetos em andamento.

A função pedagógica destinada ao trabalho foi essencial para que o organizador do Projeto Pensar e Fazer Arte, Prof. Dr. Claudio Picollo, continuasse essa tarefa, permitindo para o futuro a realização de óperas destinadas ao público infantil que serão apresentadas em diversas escolas de ensino básico.

IV. PASTORIL – UM AUTO DE NATAL

No início do ano letivo de 2006 a direção e coordenação pedagógica da Faculdade de Música Carlos Gomes deliberou realizar um Trabalho de Conclusão de Curso Coletivo (TCCC) de natureza pluridisciplinar, envolvendo os formandos de todos os cursos de graduação e licenciatura da instituição, outros alunos, professores, equipe administrativa e bibliotecárias. Esta atividade previa, além da apresentação artística, a elaboração de uma pesquisa envolvendo a atividade folclórica do Auto de Natal e um trabalho pedagógico de natureza interdisciplinar que contou com a participação de boa parte da instituição, e o envio dos resultados obtidos nesse evento para um congresso de educação.

Nesta atividade foram trabalhados diversos contextos musicais, pedagógicos, culturais e interdisciplinares, entre eles: o folclore, o ensino instrumental, o ensino do canto, composição e arranjo, a dramaturgia, a regência, a ação interdisciplinar, a parceria, a pesquisa, a encenação, indumentária, etc. O evento foi documentado em DVD e arquivado na Biblioteca de Música da Faculdade, assim como a pesquisa realizada, e contou com a seguinte equipe técnica:

- *Produção e realização: Sonia R.* Albano de Lima;
- Organização e coordenação: Niomar de Souza Pereira;
- Pesquisa folclórica – Niomar de Souza Pereira[11];
- Ação interdisciplinar – Sonia Albano de Lima;
- Personagens: Formandos e Alunos da Faculdade;
- Adereços: Vilma M. Ribas;
- Montagem do presépio: Akiko S. Matsumoto;
- Instrumentistas: José Gilberto Estebez, Eloísa Divetta, Páulio Celecino, Eduardo Rosa Estácio, Jefferson D. Pinheiro da Silva, Valéria Castellano, Felipe Dourado;

---

[11] Niomar de Souza Pereira possui bacharelado em instrumento (piano), é pós-graduada em musicologia, possui especialização em Teoria e Pesquisa de Folclore. Foi Presidente da Associação Brasileira de Folclore, Diretora do Museu de Folclore Rossini Tavares de Lima e Presidente da Comissão de Folclore da Secretaria de Estado da Cultura de São Paulo. Possui inúmeros livros publicados, entre eles: *Folclore – teorias e conceito.*

- Arranjos: Giba Estebez;
- Vocal de apoio: Adriana Flores, José Antunes Filho;
- Regência: Ester Freire.

O resumo expandido da pesquisa realizada foi encaminhado para o Congresso de Educação em Salamanca e aguarda publicação.

A fundamentação teórica da pesquisa pautou-se nos textos de Ivani Fazenda (1994 e 2003), Maria Freitas de Campos Pires 1998, Sonia Albano de Lima (2007), Renato Almeida (1942), Mário de Andrade (1966), Rossini Tavares de Lima (1985), Peter Burke (1989), Roger Chatier (1992), Carlo Ginzburg (1987), Clifford Geertz (1989), Niomar de Souza Pereira (1994). Serviram de fonte para a elaboração da produção artística o CD *Pastoril* (Pesquisa, Projeto, Direção Artística) produzido pela Professora Dinara Helena Pessoa, da Universidade Federal de Pernambuco (1999), e a documentação do Auto *Pastorinhas*, de Pirenópolis, Goiás – Brasil, registrado em pesquisa de campo e com transcrição literária e musical realizadas pela professora Niomar de Souza Pereira (1985).

A atividade artística desempenhada pelos alunos da Instituição concretizou-se em um espetáculo musical--coreográfico-cênico, com intervenções dramáticas e acompanhamento de conjunto instrumental. Representou a visita de pastores à Belém para visitar Jesus recém--nascido, em uma viagem longa e cheia de surpresas, inclusive com um inesperado encontro com o demônio, o anjo Gabriel e outros personagens.

O espetáculo foi apresentado no dia 3 de dezembro de 2006, no Parque Água Branca, em São Paulo – Brasil, no espaço Bambual, gentilmente cedido pela Associação Cultural Abaçaí, na pessoa de seu diretor cultural, Toninho Macedo. Trata-se de uma recriação brasileira dos autos vindos da Península Ibérica, trazidos pelos portugueses durante a colonização e que, no processo de transculturação, adaptaram-se aos novos contextos inclusive com a assimilação de ritmos musicais brasileiros como o maxixe e a marcha-rancho.

O Pastoril, em inúmeras variantes, é uma manifestação urbana de grande apelo popular, um fenômeno de agregação que envolve as comunidades e determina comportamentos padronizados. Um dos motivos é a presença do elemento cômico no personagem do pastor velho. Por outro lado, não está isento de adaptações ao contexto sociocultural contemporâneo, onde predomina a influência da televisão e sua carga de erotismo, como no caso dos pastoris constituídos por prostitutas que cantam em cortejo de rua e recebem donativos do público masculino. No caso, a cantoria do pastor é maliciosa e cheia de duplos sentidos. Em qualquer das variantes, induz o capital simbólico.

O Pastoril tem origem nos autos sacramentais da natividade, da Idade Média, assim como as canções natalinas espanholas denominadas *villancicos*. Durante o ciclo natalino, no Brasil, existem duas formas de representação do Pastoril: Pastoril Dramático ou Presépio, de palco, e Pastoril de Jornadas Soltas, cortejo de rua. Para a apresentação do projeto, foi feita uma montagem associando as duas manifestações.

O projeto Pastoril, além de se caracterizar como um TCC coletivo e um trabalho interdisciplinar, foi criado com a intenção de divulgar essa manifestação popular e inseri-la no amplo, conflituoso, rico e eclético espectro artístico do mundo contemporâneo, possibilitando a crença de que no mundo modificado também há espaço para lirismo e fraternidade.

O Projeto *Pastoril – um auto de Natal*, na verdade, é uma reprodução de um fenômeno da cultura espontâ-nea. Ele foi retirado do seu contexto natural e utilizado em uma experiência acadêmica com fins pedagógicos e artísticos: um laboratório. Não estamos fazendo fol-clore e sim o que se chama *projeção* de folclore que significa: *reprodução do fenômeno folclórico fora do seu contexto e desvinculado da função original*. É uma representação, uma imitação, no melhor dos sentidos. É preciso esclarecer que a projeção de folclore, se bem fundamentada, é muito louvável e aconselhável para vários fins educacionais, artísticos, literários, de inclu-são social, de divulgação cultural e outros, até mesmo comerciais. A representação procurou ainda favorecer os alunos que terão no seu cotidiano profissional de trabalhar com folclore nas escolas, sugerindo modelos e comportamentos, exercitando uma expressão artística mais natural e espontânea e mostrando aos discentes um tipo de manifestação que geralmente encontra resposta no mais íntimo do seu ser. A literatura pedagógica de apoio para a realização de trabalhos dessa natureza é insatisfatória e foi o exercício prático com o suporte da pesquisa que transformou esse projeto interdisciplinar em um trabalho científico, orientou procedimentos, aperfeiçoou critérios de escolha e desenvolveu nos participantes um espírito crítico.

O Projeto Pastoril teve a tripla função de realizar um trabalho de folclore de cunho científico, útil para a prática docente; desenvolver nos participantes a valorização e o respeito por uma parte essencial da cultura brasileira e exercitar as potencialidades artísticas dos alunos articulando música/dança/teatro. A aprovação que esse projeto teve do corpo discente, dos professores e da administração da Instituição motivaram a continuidade deste trabalho para a apresentação dessa atividade em escolas de ensino fundamental e médio, públicas e particulares.

Participar do Pastoril foi uma iniciativa voluntária dos alunos e dependeu em muito do interesse, empenho e esforço deles e da equipe integral para dedicar parte do seu tempo ao estudo e ensaio do espetáculo. Houve grande dificuldade em conciliar o horário dos ensaios, pois quase todos os alunos tocavam em conjuntos, gravavam em estúdios ou davam aulas. Em razão disso, dezenas de domingos foram destinados aos ensaios gerais no pátio da Faculdade.

Foi solicitada a eles uma avaliação que levasse em conta a possível contribuição para a aplicação pedagógica do empreendimento, o significado do envolvimento em um evento incomum no contexto social e a satisfação ou insatisfação pessoal obtida. Eis alguns trechos selecionados: "Participar do Pastoril foi uma experiência nova e gratificante. Foi meu primeiro contato com essa manifestação folclórica e meu primeiro trabalho com os alunos da escola. Então, além de a cada ensaio eu estar aprendendo, também fazia novas amizades" (Camila Barbosa Andrade – pastora do cordão encarnado).

Ester Freire (regente) assim se manifestou: "Para mim foi muito interessante conhecer esse repertório, participar e ver o empenho da professora Niomar por um ideal e sua concretização. Como trabalho com coro juvenil, acho importante a divulgação do repertório folclórico e de música brasileira. Tenho interesse em montar o Pastoril em 2007 com alguns dos meus grupos".

Para Melanie van Langendonck (pastora do cordão azul), o trabalho com o Pastoril significou uma atividade folclórica muito mais ampla do que aquelas estudadas em sala de aula: "Muitas vezes nos esquecemos das atividades que acontecem ao longo do país e nos fechamos somente para aquilo que ocorre em nossa cidade (criamos um mundo completamente fechado). A participação no Pastoril me despertou para a questão das contribuições musicais. Ouvindo o CD e durante os ensaios passei a apreciar não somente a história, mas também as contribuições rítmicas e melódicas que essa atividade estava me trazendo".

Liebe Lima (mestre do cordão azul) relata que a experiência de participar deste evento proporcionou-lhe uma imersão ativa em um espaço de grande riqueza que é a cultura popular brasileira, reavivando um costume tradicional de seu país na memória das pessoas que tiveram a oportunidade de assisti-los: "Neste contexto de globalização e tecnologia que acaba massacrando as peculiaridades culturais, tornando-as homogêneas em todo o mundo, as manifestações de cultura popular trazem em si um forte caráter de resistência à massificação a que estamos expostos. Para mim foi um momento bastante enriquecedor".

José Gilberto Estebez (tecladista e arranjador) declara: "O Pastoril foi uma oportunidade para os alunos ficarem mais próximos das festas folclóricas brasileiras. Particularmente a parte musical foi muito satisfatória, necessitando de mais alguns ensaios. O esforço dos participantes e de você, Niomar, em concretizar esse projeto foi de grande valia para que futuramente possamos organizar outros eventos".

Matheus Barrichello Segali (o pastor velho) declara: "Este trabalho do Pastoril foi muito importante porque tive a chance de conhecer uma nova cultura, o que só tenho a agradecer. Entendo que foi importante tanto para o conhecimento como para o crescimento pessoal e profissional de cada participante".

Tassiane Barberino (a cigana) afirma que o trabalho ensinou-lhe muito como trabalhar em conjunto, como contornar as situações difíceis e repentinas, e, principalmente, ver como a música pode contribuir com a sociedade e levar felicidade, tranquilidade e paz, por menor que seja, para outras pessoas; "o mais importante é que nós conseguimos: atrair um grande público e sermos aplaudidos com entusiasmo. O público adorou e isso compensa todos os problemas".

Como se tratava de uma atividade interdisciplinar, não caberia um trabalho realizado apenas pelos docentes implicados, no caso, as professoras Sonia Albano de Lima e Niomar de Souza Pereira. A ação interdisciplinar deve contar com a intermediação de coordenadores, pedagógicos, leituras adicionais, depoimentos de outras práticas e a participação dos membros integrantes do grupo, entre outros. As trocas de experiências são muito importantes – os registros, as recorrências, os percalços. É uma prática comum à Interdisciplinaridade a criação de projetos coletivos, com detalhamento, coerência e clareza para que as pessoas envolvidas sintam o desejo de se incorporar a ele. É isso que a direção e coordenação pedagógica da Faculdade tentaram realizar – um projeto que envolvesse toda a escola em todos os níveis e que cumprisse a tarefa de integrar prática, teoria e pesquisa, além de valorizar uma parte importante da nossa cultura, interrelacionando-a com outras culturas. Sob essa perspectiva esse projeto interdisciplinar passou a ter sentido, função e intencionalidade, dados que caracterizam um projeto e uma ação interdisciplinar.

* * *

A postura que norteou o envolvimento e o entrelaçamento de alunos, professores e colaboradores foi principalmente um exercício do conhecimento em contextos culturais diferentes: cultura erudita/cultura popular. Segundo Ubiratan D'Ambrosio:

Novas percepções sobre a geração do conhecimento tem dado origem a inúmeras propostas alternativas [...] Pode-se mesmo procurar uma etnodidática e uma etnoeducação, para entender o processo de difusão do conhecimento em contextos culturais diversificados. (D'Ambrosio, 1997, p. 66)

A "ética da diversidade" de D'Ambrosio foi o caminho que se pretendeu seguir, ou seja:

1. *Respeito pelo outro com todas as suas diferenças;*
2. *Solidariedade com o outro na satisfação de necessidades [...];*
3. *Cooperação com o outro na preservação do patrimônio natural e cultural comum.* (D'Ambrosio, 1977, p. 58)

REFERÊNCIAS
BIBLIOGRÁFICAS

ALBINO, Cesar; LIMA, Sonia Albano de. A aplicação da teoria da aprendizagem significativa de Ausubel na prática improvisatória. *OPUS. Revista da ANPPOM*, v. 14, n° 2, dezembro 2008, p. 115-133.

ARAÚJO-OLIVEIRA, Anderson. O Olhar da pesquisa em educação sobre a multidimensionalidade subjacente às práticas pedagógicas. *In*: FAZENDA, Ivani. *O que é interdisciplinaridade?*. São Paulo: Cortez, 2008.

AUSUBEL, David Paul; NOVAK, Joseph D.; HANESIAN, Helen. *Psicologia educacional*. Rio de Janeiro: Interamericana, 1980.

AUSUBEL, David Paul. *Psicologia educativa: un punto de vista cognoscitivo*. Cidade do México: Trillas, 1976.

BRASIL. Congresso Nacional. *Lei n° 11.769*, de 18 de agosto de 2008. Altera a Lei n° 9.394, de 20 de dezembro de 1996, Lei de Diretrizes e Bases da educação para dispor sobre a obrigatoriedade do ensino da música na educação básica. Brasília: Congresso Nacional, 2008.

BRASIL. MEC. *Lei nº 9.394*, de 20 de dezembro de 1996. Estabelece as diretrizes e bases da educação nacional. [on-line]. Disponível em: http://www.senado.gov. BR/legbras/.

BRASIL. Ministério da Educação. SEF. *Parâmetros Curriculares Nacionais: Arte.* Brasília: MEC/SEF, 2000.

CAMPBELL, Linda; CAMPBELL, Bruce; DICKINSON, Dee. *Ensino e aprendizagem por meio das inteligências múltiplas.* Porto Alegre: Artes Médicas Sul, 2000.

CHERVEL, André. *La culture scolaire: une approche historique.* Paris: Belin, 1988.

DIAMOND, Patrick (1997). Mirros and Metaphors: Arts – Based English Education. *In: International Journal of Education and the Arts,* outubro de 2000.

FAZENDA, Ivani C. A. *Interdisciplinaridade: história, teoria e pesquisa.* 2ª ed. Campinas: Editora Papirus, 1995.

FAZENDA, Ivani. Interdisciplinaridade – transdisciplinaridade: Visões culturais e epistemológicas. *In*: FAZENDA, Ivani [Org.]. *O que é interdisciplinaridade?* São Paulo: Cortez, 2008.

FREIRE, Paulo. *Pedagogia da autonomia:* saberes necessários à prática educativa. 15ª Ed. São Paulo: Paz e Terra, 2000.

GARDNER, Howard. *As artes e o desenvolvimento humano.* Porto Alegre: Artes Médicas Sul, 1997.

GARDNER, Howard. *Educación artística y desarrollo humano.* Barcelona: Paidós Educador, 1994

KOELLREUTTER, Hans-Joachim. O ensino da música num mundo modificado. *Cadernos de estudo educação musical*, nº 6. Belo Horizonte: Atravez/EM – UFMG/FEA, fevereiro 1997

LEÃO, Eliane. Por que estudar música? *Revista da Adufg* (Seção Sindical da ANDES), nº 6, jan./abr. 2001.

LENOIR, Yves et al. L'intervention éducative: clarifications conceptuelles e enjeux sociaux. Pour une reconceptualisation des pratiques d'intervention en enseignement et en formation á l'enseignment. *Esprit Critique*, nº 4, v. 4, 2002. Disponível em: <www.espritcritique.org>.

LIMA, Sonia Albano de [Org.]. Os cursos de formação de docentes e a intrincada relação professor/aluno. *In*: LIMA, Sonia Albano de [Org.]. *Ensino, música & interdisciplinaridade.* Goiás: Editora Vieira. 2009.

MOREIRA, Marco Antonio. *A teoria da aprendizagem significativa e sua implementação em sala de aula.* Brasília: Editora UnB, 2006.

PICOLLO, Claudio. *O projeto Pensar e Fazer Arte.*

PINTO, Cláudia. Idiossincrático. *In*: *FLIP: Ferramentas para a língua portuguesa.* Disponível em: <http://www.flip.pt/tabid/325/Default.aspx?DID=2980>. Acesso em 28/06/2009.

TRAJANO, Alexandre. *O sentido do ensino das artes na perspectiva de H. Gardner.* Dissertação (Mestrado em Música) – Instituto de Artes, Universidade Estadual Paulista. São Paulo, 2008.

TURIN, Roti Nielba. *Elementos de linguagem.* São Carlos: Mimeo, 1992

CONHEÇA TAMBÉM

OUTRAS OBRAS DA *COLEÇÃO CONHECIMENTO E VIDA*:

- A Arte de Contar Histórias: abordagens poética, literária e performática
- A Caixa de Pandora por uma Educação Ativa
- A Educação no Brasil e o Princípio da Dignidade da Pessoa Humana
- A Educação Profissional: contraponto entre as políticas educacionais e o contexto do mundo produtivo
- A Formação dos Profissionais da Educação: processo de transformação das matrizes pedagógicas
- A Sala de Aula e seus Símbolos
- Aspectos da História da África, da Diáspora Africana e da Escravidão sob a Perspectiva do Poder Eurocêntrico
- Campanhas Ecológicas para um Mundo Melhor
- Cidadania da Mulher Professora
- Cultura Afro-brasileira na Escola: o congado em sala de aula
- Dependências: o homem à procura de si mesmo
- Do Mito do Herói ao Herói do Mito
- Docência: um momento reflexivo

- Educação e Sexualidade: um diálogo com educadores
- Educação nos Tempos da Cólera
- Folclore: entre a prática e a teoria, entre o fazer e o poder
- Formação de Professores e Representações sobre o Brincar
- Gênero e Educação: lutas do passado, conquistas do presente e perspectivas futuras
- Gênero, Educação e Política: múltiplos olhares
- Gênero, Educação, Trabalho e Mídia
- Gestão do Conhecimento, Educação e Sociedade do Conhecimento
- Leituras Especiais sobre Ciência e Educação
- O Berço da Aprendizagem
- Olhares Plurais sobre o Meio Ambiente: uma visão interdisciplinar
- Ser Adolescente na Era da Informação
- Uma Vivência Interdisciplinar na Educação dos Sentidos – química, sabor e olhar: uma parceria necessária

Títulos disponíveis em:

www.iconeeditora.com.br

(11) 3392-7771